月30万円以上を楽しく稼げる♪

初心者女性起業家のための

スキマ時間にサクッとできる集客術

坂口 太枝子 著

Sakaguchi Taeko

同友館

目　次

目　次

目　次

目　次

目　次

第1章

これだけ女性が起業しやすい時代はありません

1　家族・お金・時間・自分　すべて大事なら起業しよう！

❖お金・生きている意味・満足感を大事にする

自分の力で稼ぎたい、自立したいという女性は増えています。昔はあまり考えられなかったことですが、旦那さんの収入が安定していなかったり、リストラされるかもしれないという状況が続いたこと、シングルマザーの方が増えていることなどを背景に、こうした意識が高まっていったのだと思います。

また、働き方についても、勤め人としてではなく、自分が主体となり、やりたいことをして夢を実現したいという方が増えています。単にお金を稼ぐのであれば、雇われて給料を貰うことでも可能ですが、自分の望むやり方でお客様の役に立ちたいと思っている方、お金・生きている意味・満足感を大事にしたいという方がたくさんいるのです。

人に認められたいという欲求を心理学では「承認欲求」といいますが、最近では否定的な意味で使われることもあります。

しかし私は、この誰もが抱く自然な感情（承認欲求）をとても大事にしています。
家族や大切な人から認められたい。
そんな気持ちが毎日の活力になったりする…ってことはないでしょうか？

特に主婦の方は。

私は、そんな前向きな女性を応援します。

❖すべての女性にとっての理想の働き方

女性が家族を大事にしながら働くことは可能です。旦那さんのいる方は旦那さんを大事にして、文句をいわれることなく働く方法があります。シングルマザーの方は、お子さんとの時間を大切にしながら、寂しい思いをさせることなく働く方法がありま す。自分のことも家族のことも大事にしながら、仕事もこなしてお金を稼ぐことができるのです。

そんな理想の働き方を、私はみなさんに提案します。この時代に生きるすべての女性にチャンスがあるのです。

❖リスクなしで起業できる

そのような理想の働き方として、「起業」があげられます。自分が好きなことやできることのなかから、人の役に立てることを見つけてビジネスにするのです。だれに使われているわけでもないので、働く時間や稼ぐ金額などすべて自分で決められます。今、そういう起業をする女性が増えています。その中には主婦やシングルマザーなどの方もたくさんいます。

起業というと、数千万円の借金をしてオフィスビルを借り、業務用ＯＡ機器をリースし、スタッフを雇うような、何か大がかりな立ち上げをイメージされるかもしれません。しかし、そんなリスクを抱えてまで起業する方は、実際にはそれほど多くはありません。

私が提案する起業では、大金を借りることはしませんし、失敗しても家族に迷惑をかけたり、自分を苦しめてしまうこともありません。安全な状態で、できる範囲のことをして、人の役に立つことでお金をいただくことが基本です。稼ぐ金額はお小遣い程度・パートの収入くらい・会社の正社員の収入くらい、というように自分で収入目標を立て、身の丈に合うサイズで起業することが出来ます。

そして、最大のメリットは、家族や大切な人との時間を削ることなくスキマ時間で働けることなのです。

2 インターネットのおかげでスキマ時間を活かせる時代に

❖個人の起業が増えている

インターネットって、とても便利ですよね。ブログ、フェイスブック、ラインなど、こうしたツールをスマートフォンやパソコン上で使っている人は大勢います。ほとんどの方は趣味で使っていると思いますが、こうしたツールのすごいところは、ビジネスでも十分に使えることです。実際に、商品を売っているブログやフェイスブックをよく目にします。その仲間入りをしましょう！

ブログもフェイスブックも、その多くが無料で使えます。無料のものを使えば、資金は0円です。それに、もともとは趣味のツールなのですから、趣味と同じようにスキマ時間にブログやフェイスブックの更新をすれば、家族との時間を犠牲にすることなくビジネスができてしまいます。

今、資金力のない個人の起業が増えています。そうした起業家のなかには、家事をこなしながらビジネスに取り組んでいる主婦もたくさんいます。もはや、お金がないとか、時間がないというのは、起業しない理由になりません。

❖起業にお金がかからない理由―初期費用をかけない

いくらお金がかからないといっても、0円ということはありません。そうかといって、借金をしないといけないとか、事業に失敗したら無一文になるとかいうリスクを抱える必要もありません。最低限必要なものは、①パソコンあるいはスマホ（スマートフォン）、②インターネットに接続できる環境、それと、③あなたが提供できる商品（あるいは、サービス）の3つです。

①と②については、すでにあるから初期投資の必要がないという方も多いと思います。ない場合は購入する必要がありますが、借金を背負うほどの金額ではないですよね！　③については、自信満々の方もいれば、無理だという方、わからないけどやったみたいという方など、人によってさまざまだと思います。

まずは、**やってみましょう！**

自信満々の方へ……すぐにでも始めるべきです。ただし、ビジネスにはノウハウがあります。①～③をどのように活用すればいいのか、成功するためのノウハウを知ったうえで取り組んでください。本書がとても役立つはずです。

わからないけどやってみたいという方へ……起業に関心がある方ですね。大丈夫です。魅力ある商品の背後には必ず、売る人の人生が見え隠れしているものです。あなたがこれまでどのような人生を歩んできたのか、一つひとつふり返っていくことで、あなたならではの商品・サービスを探し出すことができます。

自分ひとりで見つけられないという場合は、起業に関するコンサルティングを受けることで、思いもよらなかった商品・サービスが生まれるかもしれません。

私がそうしたコンサルティングを行っていてよく思うことは、こんなに素敵な人生を送ってきたのに、それに気づかない人が多いんだな、ということです。起業コンサルと一緒に人生の素敵なところを探すことで、お客様を魅了する素敵な商品・サービスが、きっと見つかるはず。

無理だと思われた方へ……そういわずに本書を読んでみてください。あなたのやる気を引き出すチャンスを私に与えてください！

❖ 費用は日常生活の範囲内―インフラの使用料が安い

ここでいうインフラとは、インターネットのことです。スマートフォンを使うのであれば、スマートフォンとインターネット接続の使用料金がかかります。パソコンであれば、インターネットを使用するための料金がかかります。どちらにしても、一般のご家庭やひとり暮らしの学生さんでも月々支払っている料金ですから、無理のある支出ではありません。

そして、ブログやフェイスブックなどを使うわけですが、これらは基本的に無料です。基本的に、と限定するのは、オプションなどを利用する場合有料になるケースもあるからです。

私がいつも起業初期に利用をおすすめしているのは「アメーバブログ（アメブロ）」という無料ブログです。

なぜアメブロをおすすめするかというと、無料というだけではなく、ビジネスを展開していくうえでとても役立つ機能があるからです。これについては第2章で詳しく説明しますが、その機能を効率よく自動化して利用するためのソフトウェアなども出ていて、月々約三〇〇〇円で利用できるものもあります。このソフト（機能）はお客様を獲得する際の作業効率を飛躍的にアップさせます。費用対効果を考えると、絶対に利用料金を払ったほうがお得です。

インターネットの使用料やこのようなソフト使用料のように、ビジネスを展開していくうえで常にかかる費用のことを固定費といいます。このような起業であれば、月々の固定費は、大きな負担になるものではありません。

ここでひとつ、ツッコミを入れたくなる方がいるかもしれません。パソコンの電気代やオフィス・店舗の家賃、光熱費はどうなんだ―と。もちろん、それも固定費として計算するべきものです。ただ、オフィスや店舗については自宅を活用すればよいですし、電気代についても趣味でインターネットを利用するのとそれほど変わりません。ここでは、オフィスビルを借り、業務用OA機器をリースし、スタッフを雇う、というような大掛かりな事業展開を想定しておらず、お金もそれほどかからないということをご理解ください。費用は、日常生活の範囲を超えるものではありません。

❖操作が簡単

ブログやフェイスブックを利用されている方はご存じのことだと思いますが、操作はとても簡単です。何の不安もいりません。私に起業を相談される方のなかにも、利用したことがないのでちょっと不安……という方がいらっしゃいます。ですが、みなさん、使ってみたら簡単だったとおっしゃいます。

これには理由があります。ブログのサービスを提供している会社は利用者を増やしたいので、だれでも簡単に使えるようにブログのシステムをつくっているのです。利用料がタダというのも利用者を増やすため、操作が簡単なのも利用者を増やすためです。そうしないと、利用者はほかの会社のブログに乗り換えてしまいます。さらに、それでもわからないという人のために、各ブログの運営会社がそれぞれ使い方についてホームページなどでわかりやすく説明しています。

別に、エンジニアでないと使えないというようなものではありません。勉強は嫌いだけどインスタグラムやツィッターなどのＳＮＳは好きだという中学生や高校生もたくさんいます。大人だって同じです。だからこそ、ビジネスが成立するほどまでにブログやフェイスブックなどのＳＮＳの利用者が増えているのです。

3　SNSは個人のビジネスの強い味方

❖個人が手にしたすごい力

マスコミという言葉があります。これを正式な名称にすると「マス・コミュニケーション」となります。「マス」というのは大衆のことですから、マスコミというのは、大勢の人たちとコミュニケーションをとる手段（機能）、という意味になります。

これまで、私たち個人のコミュニケーションには、限界がありました。会って話をする、電話で話をする、手紙を送る、電子メールを送るなどというように、その対象となる人の数は、テレビや新聞・雑誌にはとうてい及びませんでした。それが今、マスコミに匹敵する力を私たちは手にしているのです―それがSNSです。

SNSは、ソーシャル・ネットワーキング・サービスの略です。この言葉になじみのない方は、フェイスブック、インスタグラムやツイッターなどのことだよね！と思っていただければ十分です。

たとえば、保育所の抽選に落ちたお母さんの投稿がマスコミに取りあげられて、国会や地方自治体を動かしたということを思いだしてみてください。これは、SNSで発信したお母さんと同じ想いのお母さん方がたくさんいて、それを読んで共感したから起こったことです。一人のお母さんの声が全国に届き、国や地方自治体を動かした―ＳＮＳの影響力がどれほどのものか、ご理解いただけると思います。ビジネスの強い味方です。

❖広告の効果と役割①―テレビ・新聞・雑誌

このすごい力を使って広告・宣伝を行います。ここではまず、広告の効果と役割について考えてみましょう。

これまでは、広告を出すにはかなりのお金がかかりました。私たちに馴染みのある広告といえば、テレビＣＭや新聞・雑誌などの広告があります。どれをとっても、個人の女性起業家が出している広告を見ることはほとんどありません。一回の広告でも、私たち個人では決して出すことのできない金額が必要です。

ですが、一回の広告では、効果がそれほど期待できません。私たちは日常、たくさんの広告を目にしていますが、だからといってそのたびに、「あれ、いいな」「これ、買おう！」とはなりません。むしろ、自分には関係がないと思ったり、意識せずに目にしたことさえ覚えていないことのほうが多いはずです。そのため、大企業はより多くの人に何度も見てもらうために、莫大な費用をかけて何度も広告を出します。そうすることで、自社の商品を大勢の人に知ってもらい、そのなかからお客様を獲得して、利益を上げています。

❖広告の効果と役割②——チラシ（新聞折込み、ポスト投函）

もう一つ、私たちに馴染みのある広告といえば、新聞の折込みチラシがあります。近所のスーパーマーケットの広告などで安いものがあれば、主婦なら心を動かされて、夕飯の買い物の際にそのお店へ足を運ぶのではないでしょうか。新聞広告のチラシは配布地域と部数が限られていますが、その分、費用が比較的安くすみます。そのうえ、ターゲットを絞っているので、一回の広告でかなり高い効果が期待できます。こちらのほうは、個人でも出すことが可能です。

また、チラシをポストに投函する方法もあります。自分でつくって自分で配るわけですから、費用はかなり抑えられます。サロンなどの店舗系で起業する場合に有効です。

ちなみに、私が提案するＳＮＳなどのＷｅｂツールの使い方は、このチラシに似ています。違う点は、さらにターゲットを絞って情報を発信できることです。

❖広告はコミュニケーション

テレビCMも新聞の折り込みチラシもたいてい、すでに知っている会社や馴染みのスーパーマーケットなどのものが多いです。「広告なんか出さなくても、広く知られている」というようなものがたくさんあります。それでも広告が出されるのは、ビジネスを続けていくために必要だからです。新しいお客様を獲得するためだけでなく、すでにお客様になっている人をほかの会社にとられないために広告を出し続けます。広告は会社とお客様を結ぶコミュニケーションなのです。

お客様とのコミュニケーションがなければ、共感も信頼も得られません。逆にいえば、お客様とのコミュニケーションを上手にとれば、共感と信頼を勝ち取ることができます。

❖お客様の意識の変化①――店舗はかならずしも必要ではない

かつてはビジネスをしようと思ったら、店舗を構えて看板を掲げて、チラシをまいて……といった具合に、大がかりなことをしないとお客様は来てくれませんでした。なぜ店舗が必要だったかというと、そこがお客様との密なコミュニケーションがとれる唯一の場だからです。

ですが、時代を経るに従い、お客様とのコミュニケーション手段は、どんどん選択肢が増えてきました。たとえば、販売には、対面販売の他に、電話販売、テレビショッピングなどさまざまな形態があります。

テレビショッピングの場合は、馴染みのあるタレントさんが出ていたりすると、つい見てしまうことがあるのではないでしょうか？　さらに、笑顔で商品をおすすめされたら、買いたくなってしまうこともあります。テレビショッピングの番組は、さまざまな時間帯で放送されています。多くのファンを獲得しているようです。

では、電話販売はどうでしょうか？　電話を受ける側としては、販売の電話だとわかったとたんに受話器を置いたり、「だまされないぞ！」と意気込んだりする方もいるのではないでしょうか？　テレビよりも古くからある通信手段でありながら、相手の顔が見えない電話での販売というのは、とても難しいのです。

とはいえ、対面販売に負けないくらいの実績を上げている電話オペレーターの方がいるのも事実ですし、電話販売が一つの業態として成立しているのも事実です。

コミュニケーションの密度に差はありますが、店舗が必ずしも必要というわけではないという点で、すでにお客様の意識は大きく変わっているといえます。

❖お客様の意識の変化②──ネット社会のコミュニケーション

では、電話よりも新しいSNSなどのWebツールはどうでしょうか？　結論からいうと、対面には及ばないものの、それでも密なコミュニケーションが可能です。なぜならば、SNSには、同じ関心を持つ人同士をつなぐ機能があるからです。先ほど、SNSを使った広告はチラシよりもターゲットを絞ることができると説明しました。もっと踏み込んだいい方をすると、ターゲットだけに広告を出すこともできます。こちらの商品に関心のある方だけをターゲットに絞れば、広告の費用対効果も確実に上がりますよね。

逆に、商品を紹介しているブログなどを見て、読者のほうからアプローチしてくることもあります。こうした読者は、もっと詳しい情報を知りたがっています。こうした読者とは、早い段階から密なコミュニケーションがとれます。

SNSには、電話に比べて優れた点がほかにもあります。それは、こちらの顔を見せることができることです。ブログやフェイスブックなどには、写真を掲載することができます。この顔写真が、お客様に安心感を与えます。

❖正しく使うことが大事

かつて、顔の見えないネット社会で構築される人間関係に疑問を投げかける声が多く聞かれましたが、いまはそれほどでもありません。批判の対象となるのも、かつてはネットそのものでした（インターネットの存在否定にも聞こえました）が、いまは誤った使い方などに対する批判です。つまり、顔の見えないコミュニケーションも社会に受け容れられたということです。大きな意識の変化です。ＳＮＳなどのＷｅｂツールは、使い方さえ誤らなければ、とても便利なうえ、利益をもたらしてくれます。ただし、ビジネスでの利用に限っていうと、誤った使い方をして利益が出せていない方が大勢います。その理由は、効果的な使い方を知らず、魔法の広告ツールのように思い込み、巷にあふれるネットのウソにだまされている方が多いからです（これについては、第２章で詳しく説明します）。

❖店舗系か　情報系か

個人で起業される方の多くは大きく分けて、情報系と店舗系の２つに分かれます。初期費用が低く抑えられるのが、情報系です。

【情報系】

情報系のビジネスには、コンサルティング、カウンセリング、コーチングなどがあります。たとえば、コンサルティングでも起業やSNSだけではなく「恋愛コンサルタント」をしている方もいます。悩みを持つ人の相談を受けて、それを解決できるノウハウがあれば起業できます。ただし、業種によっては専門の資格がないとできないものもあるので、注意してください。

多くの方が自宅の一室を事務所として使っています。自室にインターネット接続ができる環境とパソコン、それとスカイプやZOOMなどを使ってお客様と通信するための周辺機器があれば、ビジネス展開が可能です。スカイプやZOOMはテレビ電話のようなもので、無料で利用できます。必要な周辺機器はカメラとマイクです。最近のパソコンであれば、ほとんど内蔵されています。別売りで買ったとしても、だいたい五〇〇〇円くらいでビジネス展開が可能です。

スカイプやZOOMは音声だけでも使えますが、やはり、お互いの顔が見えるようにカメラを接続して、テレビ電話として使用するのがいいでしょう。その際、部屋が散らかっていたりすると印象がよくありません。整理整頓と同時に、きれいな壁紙を貼るなど背景にも気を配りましょう。

【店舗系】

店舗系というのは、お客様が来店するスペース（店舗）を備えたビジネスです。たとえば、エステ、ネイル、リラクゼーションマッサージ、マツエクなどの美容分野は、自宅をサロンにしている方が多くいます。また自宅サロンで趣味や特技を生かして教室を開催している女性は「サロネーゼ」と呼ばれ、雑誌などでもよく取り上げられていましたよね。隠れた名店というのがあるように、駅前などの一等地に店舗を構える必要はありません。

店舗系は情報系に比べると、店舗設備を整える必要があるため、ある程度の初期費用が必要になります。たとえ、自室の一室を使うとしても、いきなり本格的なエステサロンを始めようとしたら、大変な額のお金が必要になってしまいます。こういう起業の仕方はおすすめしません。すでに自室をエステサロンに改装している方は別ですが、ゼロから始めようという方は、それほど大きな改装をしなくてもできるよう、また、使う機材や商材の費用が無理のない範囲に抑えられるように、メニューを絞り込むことをおすすめします。お店のコンセプトやメニューによっては、専門の業者に改装を依頼しなくても、お部屋の模様替え程度で済みます。私はこちら（後のほう）をおすすめします。

サロンなどの場合、手技によるサービス提供のほか、お客様からの相談を受けることもあります。この場合、直接ご来店いただくのもいいのですが、スカイプやＺＯＯＭなどの通信機器を使うと、一対一の美容カウンセリングのほか、たとえば一対一〇というように、同時に複数のお客様にレクチャーをすることもできます。

4　資格の学校はあるけれど「集客」の学校はない
～始めるのは簡単！　でも集客につまずく～

❖選ばれるために

ビジネスをするには、たくさんいるライバルのなかから自社の商品を選んでもらわないといけません。しかし、ＳＮＳなどのＷｅｂツールを活用しても集客で悩んでいる方がとても多いです。

先ほども述べたとおり、ＳＮＳなどは魔法のツール（道具）ではありません。人間が使う道具ですから、どんなにすごい力があっても、正しく使わないと効果を発揮しません（魔法でも、呪文が正しくないとダメですね）。

集客につまずく理由はもう一つあります。それは、みんなが同じようなことをしていることです。同じようなことを考えて、同じようなことをする。それにも理由があって、お客様のニーズを考えると、どうしても同じことになってしまうんですね。かといって、個性的で奇抜だけどニーズがないものを提供しても、お客様にとって必要のないモノなら当然、買ってはくれませんよね。

ですが、私達個人起業家は、扱う商品やサービスの内容が同じようなモノであっても実はそれぞれ違いを出すことができるんです！

そして、その違いをお客様にうまくお伝えすることが出来ていない人が非常に多いのが現実です。

一〇〇人同じようなことをしている人がいたら、そのなかから選ばれないといけません。選ばれるためには、戦略を持って、Ｗｅｂツールを正しく使い、自分だけが持つ魅力を伝え続ける──そういう選ばれるためのコミュニケーションが必要です。

❖資格は選ばれる理由になるのか？

資格さえとれば起業できる！…と、エステ、ネイル、カウンセラーなどの学校に通って、何十万円あるいは何百万円もかけて資格をとり起業された方もたくさんいます。なかには、資格マニアの如くいろいろな資格をとる方もいたりして…。資格はたしかに、一つの強みですよね。しかし、資格を取ってビジネスが軌道にのっているか？　と尋ねてみると、『集客がうまくいかず売上がない』と答える方が結構います。

資格は、専門的な知識や技術を提供する際には大変有効です。エステだったらエステの施術、カウンセラーだったらカウンセリング…。お客様が来ればその知識や技術の素晴らしさを伝えることもできますが、その前の段階の集客でつまずくとせっかく得た知識や技術も役に立つことはありません。

専門技術を取得できる学校はたくさんあっても、集客に必要な知識やテクニックを教えてくれる学校というのはなかなかないですね。

これでは宝の持ち腐れです。せっかく資格があるのにもったいないですよね。すごい実力があるのにそれをうまく活かせないのは、本人もそうですが、その実力に出会えないお客様もかわいそう…。

やはり、資格だけでは選ばれる理由にはなりません。ほかにも同じ資格を持っている人はいますから、自分ならではの魅力というものを伝えていかないとお客様に選んでもらえません。もしかしたら、資格のほうに目がいってしまい、自分の技術の本当の魅力には気づいていないのかもしれません。

❖資格がないとどうなのか

起業するにあたっては、資格がなくても大丈夫です。大事なことは、お客様の役に立つということです。資格というのは、こういうことでお役に立てますよ、という一つのセールスポイントや証明みたいなものですが、お客様のニーズは資格で解決できることばかりではありません。資格よりも経験がモノをいうことだってあります。

たとえば、恋愛マスターというのも一つの経験です。この経験を活かして、恋愛や婚活のカウンセラーをしている人もいます。結婚したいのにできない人も大勢いるので、ニーズが高いといえます。

今まであなたが経験した事をじっくり思い出し、どんな人生を歩んできたのか自分に問いかけてみてください。

あなたが挫折したこと
失敗したこと
悩んだこと
辛かったこと
コンプレックスに思っていたこと

それらが逆にビジネスチャンスになったりします。

もし、今あなたがそれらの経験を乗り越え、克服し、幸せな人生を送っているとしたらその成功体験が、あなたの商品やサービスの付加価値となるからです。

そしてそれはどんな些細な内容でも大丈夫です。

❖悩みやコンプレックスは貴重な経験

悩みやコンプレックスを克服した経験はビジネスチャンスだとお伝えしました。その理由は、今、あなたと同じ悩みで苦しんでいる人の痛みがわかり、その人達が求めている情報や知識・サービスを提供できるかもしれないからです。その解決方法を使って、苦しんでいる人達を救ってあげてほしい。そう思います。

もしも、自分で気づくことができないのであれば、コンサルティングによってビジネスに転換するポイントが明らかになってきます。プロのコンサルティングは有効です。自分に何ができるかわからない方、これをビジネスにしたいと考えている方、すでにビジネスを初めているけどなかなか集客できない方―そんな方々の現状を良い方向に変えていくための一歩を踏み出すお手伝いができます。コンサルティングのトビラを叩いてみましょう。

❖コンサルティングを利用するには？

コンサルやカウンセリングには、その先生との相性もあるので、インターネットで「起業コンサル」という検索ワードで検索してみてください。起業したいジャンルが決まっている方は、さらにそのジャンルを検索ワードに追加すると、より絞られた情報になります。たくさんの方がいろいろなサービスを提供しています。

たとえば、まだやりたいことが漠然としているけど起業に興味があるという方は、「初心者　起業コンサル」で検索してもいいと思います。

ちなみに私も、不定期にはなりますが、体験コンサルを募集することがあります。通常1回六〇分十万円のコンサル料が体験では三〇〇〇円～五〇〇〇円ぐらいで体験することができます。

これは私のメルマガに登録してくれた特典として、メルマガ内だけで募集しているものです。興味のある方は、ブログから無料メルマガの登録をしてみてくださいね！

5　女性起業家はどんなビジネスで稼いでいるの？
～コンサル、カウンセラー、サロネーゼなど～

❖どのような人が起業しているのか

「こんな人」と限定できないくらい、さまざまな方々が起業しています。同じ主婦の方でも、資格を活かしたいという方、資格はないけれども自分と同じ悩みに苦しんでいる人の役に立ちたいという方、これは絶対に売れると自信満々の方、逆に、起業をしたいけれども何から始めていいかわからないと私のところへ相談に来られた方でも、コンサルティングを受けて飛躍的に売上をアップされる方もいます。

年齢もさまざまです。二〇歳代の方もいれば、子どもが高校生になって手が離れたことをきっかけに起業した方、シングルマザーの方もいます。

つまり、年齢、学歴、キャリア、時間のあるなしなどは無関係です。あってもなくてもかまいません。まずは、やりたいという意思があること。そして、自分は何を商品・サービスとして提供できるのか、それはお客様の役に立つのか、どうやって提供するのかなど、そういったことを冷静に分析して、「いける！」と判断した方が起業していますといいたいのですが、なかには見切り発車の方もたまにいますね。もちろん、私が起業に関わった方にはいらっしゃいませんよ。「資格があるから起業したけど、思うように集客できない」と、相談に来られる方もよくいます。こういう相談は、本書を読めば問題解決です。

ビジネスはお客様の悩みを解決するもの

ビジネスというのはお客様の悩みを解決したり、今よりもっと良い状態に導くことで成り立っていることが多いです。

たとえば、エステというのは、きれいになりたいというお客様の願いを叶えるビジネスですが、その背景には現状に対する悩みがあります。別の見方をすると、美に関する悩みを解決することがエステなのです。サプリメントにしても、健康に関する不安や悩みを解消することでお客様の支持を得ています。

つまり、あなたが起業してビジネスを成功させるということは、大勢の方々の悩みを解決して差しあげるということになります。実際のところ、大きな悩みを抱えてそれを乗り越えた方々のなかには、その自分の過去の経験を活かしてビジネスを成功させた方もたくさんいます。

たとえば、婚活コンサルタントには、そういう方が多いみたいです。理想の男性と結婚したい一心で、どうしたらその人の気を引けるのか、付き合えるのか、結婚できるのか……。願いを叶えたい想いが強い半面、そのために婚期を逃してしまうのではないかといった不安や恐怖もあります。

自分がそのように悩み、考え、戦略的に行動した結果、理想の男性と結婚できた…という人は、その実績が裏付けとなり、ビジネスに活かせる場合もあるのです。

❖ ニキビに悩んだ経験がエステサロンの起業に

私も、自身の悩みをビジネスにした一人です。高校2年生の時から急にニキビが顔中に大量に出来き、何をやっても治らなかった…。

この経験を活かして始めたのが、フェイシャルに特化したエステサロンです。

一口にニキビといっても、私の場合は、本当にひどかったんです。

このままでは一生結婚できないと思い込むほど切実な悩みだったので、さまざまな情報を必死に集めました。しかし何をやってもダメでした。

その時代は皮膚科の先生でさえも、ニキビの治療にまともに向き合ってくれませんでした。

やがて自然とニキビは治り、二〇代の頃にはニキビには悩まされずに過ごすことができました。

しかし三〇代を過ぎると徐々にたるみに悩むようになり、ニキビ跡や、毛穴の開きがどうしても化粧で隠せないという新たな悩みに苦しみました。

そして美容皮膚科でレーザー治療などありとあらゆる方法で改善しようとしましたが、これも全てダメ。

それどころか、気づいた時には敏感肌となり、肌にマッサージなどの刺激を与えるとすぐに炎症を起こしてしまうほどの状態でした。

集めた知識を実践し、ウソかホントかを自分で試し、ウソの情報に苦しめられつづけました。巷にあふれる情報がこんなにウソばかりだなんて…。

このようにニキビなどの肌トラブルで悩んでいるのは私だけではありません。私の経験は絶対に役に立つと思い、エステサロン開業を決めました。

私はエステの学校に行っていません。ただし、まったくの無資格でもありません。起業をする前に、ハーブエステの講習を受けに行きました。

ハーブエステは、通常のフェイシャルエステとはコンセプトが全然違うのです。この施術は実際私が受けて毛穴の開き、たるみ、小じわ、シミなどの肌トラブルをかなり改善してくれたんです。

私が初めて効果を実感したエステの施術でした。

講習だけではもちろん足りないので、実践が必要です。家族や友だちにお願いして、何度も自信がつくまでたっぷり練習しました。

そしてエステを開業してからは、私と同じようにどこに行っても肌トラブルが改善しないお客様がたくさんご来店くださいました。

❖起業で苦しんだ経験が起業コンサルタントの起業に

私のエステサロンには肌トラブルのお客様でいっぱいとなりましたが、最初からそのように繁盛したわけではありません。

エステサロンの経営を軌道に乗せるために、どうすれば集客できるのか、そのノウハウについてさまざまな情報を収集して、実践しました。巷にあふれる情報がこんなにウソばかりだなんて…またまた私には衝撃でした。そこで、効果がありそうなものとそうでないものを分けて、試行錯誤しながら自分なりの集客方法を見つけていきました。そして、エステサロンの経営を軌道に乗せることができたのです。

しかしながら、ただやみくもに頑張って集客したり、売り上げを上げるために寝る間を惜しんで作業しても、女性は幸せと感じないのではないでしょうか？

家族や大切な人との時間を大事にしながら、時間もお金も手に入れる。

そういう方法でないと私はイヤだ！と思ったのです。

だからこそ効率の良いスキマ時間でできる集客方法が見つかったとき、この経験は同じように集客に苦しむ起業女性たちに絶対に役に立つ！

そう思ったのです。

そして私は女性起業家向けのコンサルティングもするようになりました。

第2章

巷の「集客のウソ」を信じるのはやめましょう

❖ウソに振り回されないように

ネットには、ウソがあふれています。そのウソを信じて一生懸命がんばっても、結果は出ません。結果が出ないから疲れました、という人はすごく多いんです。そして、自分には才能がないんだと落ち込んでしまい、もうやめようかというところまで追い詰められてしまいます。ウソに振り回されないでください。

こうしたウソの困ったところは、完全なウソだとはいい切れないものが多くあることです。たとえば、ＳＮＳがビジネスに活用されはじめたころには高い効果を上げていたけれども、状況が変わった現在では、ほとんど効果が期待できないもの。つまり、時代遅れの手法です。

「私はこの方法で成功した」という方もいるのでしょうが、それはＳＮＳに登録するだけで注目を浴びた古きよき時代のお話です。そういう手法をウソといい切るのは酷なことかもしれませんが、今の時代にＳＮＳを活用する私たちにとって、こうした古い手法はビジネスの成功を妨げるウソでしかありません。

1 フェイスブックは「自撮り」記事が好感度が高い
……人もいるけれど

フェイスブックに自撮り画像を投稿する…これはだれがやっても集客や売上アップに効果があるというものではありません。ある人にとっては本当であり、別の人にとってはウソということになります。

❖写真の効果が高い業種

美容系のビジネスでは、写真は高い効果が期待できます。たとえば、お肌がこんなにきれいになりました、と自分の顔の写真を載せる。ファッションのコンサルタントが自分のファッションの写真を載せる。ネイルサロンをしている方が自分のデザインの写真を載せる。

どの写真もその方のビジネスの成果をアピールする写真ですから、説得力があります。写真一枚ごとに、説得力に重みを増していくのではないでしょうか。美容系のように視覚に訴えることが大切な業種では、写真の効果は絶大です。

❖ 思わぬところに落とし穴が…

だからといって、自撮りの写真が常に好感度が高いとは限りません。自撮りが好きで得意な人なら、つまり、上手に撮れた写真を載せるのであれば、いい意味での説得力を発揮します。フェイスブックを訪れた人があなたのページを見て、お客様になってくれる可能性が高まります。

一方、世の中には、私のように自撮りが苦手な方もたくさんいます。私も美容系のサロンを経営しているので自撮りにチャレンジして今現在ではもうすっかり慣れましたが、昔はカメラを向けただけで顔がこわばってしまい、良い写真がなかなか撮れませんでした。こんな写真を載せたら、私の技術に疑問を持たれてしまうかもしれない…と、絶対に載せられないような写真になってしまったものもあります。せっかくきれいな肌に仕上げたのに（本業の技術は確か）、自撮り（本業ではないこと）がヘタなせいで信用をなくすなんてこと、絶対にできません。

❖ 写真は一枚でいい業種

心理カウンセラーやコンサルティングをしている方の場合は、プロフィールに掲載する顔写真が一枚あれば十分です。お客様の相談にのって問題を解決するというように、視覚的アピールの必要のない業種では、写真は必要最低限でもＯＫです。

たとえば、自分の写真を毎日載せ続けたからといって、ビジネスに必ずメリットが出るとは限りません。仮に、その人が「自撮りコンサルタント」なるビジネスをしているのであれば話は別ですが…。

だから自撮りがどうしても苦手な方は無理にする必要はありません。

私たち女性起業家は毎日、仕事以外にも家事に育児に大忙しです。

苦手なものを無理に克服するのに時間を使うよりも効率的な集客方法を学んで実践するべきなんですよね。

2 フェイスブックをするだけで商品が売れる……わけがないでしょ

❖知らない人に一〇万円払えますか？

フェイスブックをするだけで商品が売れると思っている人もいるようです。ウソか本当かは、お客様の立場になって考えればわかります。

たとえば、まったく知らない人のフェイスブックを見て、「この商品を買おう」と思う人はそういないのではないでしょうか。一〇〇〇円や二〇〇〇円くらいの商品なら買おうと思う人はいるかもしれませんが、いたとしてもごく少数です。ビジネスとして成り立つとは思えません。それが二〇万円、三〇万円だとしたら、絶対に買いません。

それなのに、ビジネスをする立場になったとたんにみなさん、それが可能だと思ってしまうのです。たしかに、「フェイスブックだけで稼いでいる人」が稀にいるので、「自分にもできる！」と思ってしまうようですが、九五％以上の方はフェイスブックを使用するだけでは当然、ビジネスになっていません。

❖情報系の高額商品の場合

たとえば、情報系の高額商品のなかには三〇万円以上するようなビジネスコンサルティングやカウンセリングなどがあり、それを購入するお客様はいない、と断言することはできません。実際に、私もそういうコンサルティングコースをお客様にご用意しています。ですが、そのお客様がまったく知らないコンサルタントやカウンセラーのフェイスブックを見て、いきなり購入するはずがない、と断言することはできます。

そのお客様はおそらく、最初はメルマガやブログなどでも興味のある商品やサービス、それを提供するコンサルタントの情報を集め、信用できると思ってから、何等かのアクションを起こすはずです。三〇万円以上の価値が本当にある商品でも、フェイスブックをするだけで売れるわけではないのです。

❖店舗系や物販の場合

エステでも同じことがいえます。本当にきれいになるコースメニューをフェイスブックで紹介したからといって、いきなりそれを購入するお客様はいません。やはり、最初は低額のお試しコースから始まることがほとんどです。

一万円ほどの商品の販売でも同じです。たとえば、一万円のアンチエイジングクリームをフェイスブックで販売したとします。それが大手メーカーの商品であれば、広告とそのメーカーの信用力によって買う人がいるかもしれません。しかし、個人が独自の商品を売ろうとしても、買う人はほとんどいません。知名度が低く、効果もよくわからないものなのですから。

❖魔法のツールではない

ビジネスをしている方は、自分が扱う商品（あるいは、サービス）に自信を持っていないといけません。ですが、売りたい気持ちが先走ってしまうと、お客様目線を忘れてしまうようです。何を売るにしても、どんなに安い商品であっても、信頼を築くことから始めなければなりません。

売る順番がわかっていない方が多いですね。

フェイスブックはビジネスをしていくうえで有用なツールであることは確かです。しかし、それだけで売れるような魔法のツールではなく、数あるツールのなかの一つにすぎません。また、効果的な使い方をしなければビジネスツールとしての役割を果たしません。

フェイスブックだけで商売をしようとする人がいますが、フェイスブックだけでは高額商品が安定して売れ続けることはほぼありません。

3 ブログは一日に三〜四記事も書かなければいけない……のかな？

❖記事はたくさんあったほうがいい

ブログの記事がたくさんあったほうがいいというのは、本当のことです。なぜかというと、グーグルなどの検索サイトでキーワード検索をした際、記事が多くユーザーに有益な情報がたくさん掲載しているブログの方が上位に上がってくるからです。上位に上がるということは、それだけで多くの人の目にとまりますから、新規集客という意味では、記事をたくさん書いたほうがいいわけです。

そのため、多くの方が毎日、ブログに記事を書いていますよね。どの業種にも同じようなビジネスをしている方がたくさんいるので、こうした競争相手に勝つためにみなさん必死です。その姿勢というか、行動力には頭が下がります。それが負担にならず、いい記事を書き続けられるのであれば、絶対に書き続けるべきです。

❖何を書くかも大事

ところが、ビジネスのブログのはずなのに、ランチに行きましたとか、どこどこへ遊びに行きましたとか、ビジネスに関係のない記事をよく目にします。レジャーや恋愛についてのコーディネーターをしているのかな、と思ってしまいそうです。ほほえましい記事が一服の清涼剤的な役割を果たしているのなら効果的かもしれませんが、こうした記事ばかり書いて本業の記事が埋もれてしまったら、ブログの意味がなくなってしまいます。

たとえば、私のようなコンサルタントがランチやレジャーの記事ばかり書いていて、それを読んだ方が私にコンサルティングを依頼するはずがありません。仕事の依頼を受けたいのであれば、仕事に関係する記事を書かないとビジネスに繋がりません。

本当に書かなければいけない情報というのは、お客様の悩みを解決するために、あなたがどう役立てるのかという情報です。ブログのアクセス数などの数字にまどわされることなく、内容を大事にしてください。

❖ なぜ人はブログを書くのか

そこにブログがあるから…というのは、趣味人の答えです。ビジネスでブログを書くのであれば、お客様の信頼を得るためでないといけません。記事をたくさん書いてアクセスを集めることができたとしても、その記事がビジネスに関係のない話ばかりでは、逆に信用を失ってしまいます。

ビジネスのブログの場合、お客様は欲しい商品を見つけるためにブログを訪れます。お客様が求める商品というのは、自分の悩みを解決してくれる商品だということです。

たとえば、エステサロンのブログを見てみたら、ランチやディナーの記事ばかりだったとします。いいサロンはないかなと探していて、利用者の声やビフォーアフターの写真が見たいと思っていたのに、それがなかなか見つからない…がっかりしてしまいます。あなたの将来のお客様になってくれるかもしれない「見込み客」の事を考えて、記事を書きましょう。

❖ 選ばれるために書く

かつて、ブログは書けば書くほど、いいという時代がありました。昔の話です。そのころは個人起業家が今より少なかったので、記事をたくさん書くことでアクセスが集中し、それがビジネスに役立ちました。なので、大量投稿をすることは、従来のコンサルタントおすすめのお手軽ビジネス手法だったのです。

しかし、今は時代が違います。個人起業家の戦国時代と呼ばれ、差別化が難しいのが現実です。

だからこそ、量より質を大事にしないと生き残れません。

ただし、ブログを立ち上げたばかりの頃は、最低三ヶ月ぐらいはできるだけ毎日書いてくださいね！　記事数がほとんどないブログは、検索に弱いというだけではなくお客様にとって魅力的ではないからです。

❖ ブログ記事の質を上げるためには

自分はお客様のために何ができるのか、自分の商品（あるいは、サービス）を購入したお客様の喜び（お客様の声）など、お客様に選ばれるための情報を書いてください。

また、個人起業家にとって一番大事なのは、「自分のビジネスへの想い」です。

どうして起業したのか？
どうしてそのビジネスを選んだのか？
自分の信念は何なのか？
仕事へのミッションは？

そんな熱い想いを語ることでターゲットに届き、共感されて、選ばれる起業家となります。

それを表現できる場所が「ブログ」なんです。

4 今はメルマガよりLINE@の方が売れる
……と思いがちだけど

❖メルマガは必要？

「メルマガがいいって聞いたのですが、本当に必要でしょうか？」

こんなご相談をよく受けます。

私は、

「地域を限定せず活動している情報系のビジネスなら絶対に必要です」

とお答えしています。

私の場合、七回の配信で完了するメールマガジンを用意しています。私が提供する商品やサービスの魅力を知ってもらい、ファンになってもらうことを意図して、七回完結の内容に編集したものです。

このメルマガを読んでもらうために、フェイスブックやブログなどに「講読希望」の登録ボタンをリンクして記事を作成しています。私のように全国の方を対象としているコンサル業はスカイプやZOOMだけでご相談に乗る場合も多く、直接お会いして自分のサービスを販売することは滅多にありません。対面販売ができないということはお客様との信頼関係も弱くなりますよね。しかも取り扱っている商品やサービスが高額商品となるとお客様と深い信頼関係を築かなければいけません。そこで、メルマガのステップ機能が必須となるのです。

なぜ、ステップメールでは深い信頼関係を築けるのか…について、次からご紹介していきます。

ちなみにＬＩＮＥ＠にはこのステップメールの機能は標準では付いていません。

❖ステップメールで目的に応じた配信パターンを

ステップメールとは、「あらかじめ設定しておいたメールを、自動的かつ、段階的に送信するシステム」です。

通常のメルマガ配信では、新しい情報や旬な情報を登録者全員に同じ内容を一斉に配信することができます。

ただし、読者はメルマガに登録した時点からのメルマガしか読むことができません。その後も、新しい記事を作成するたびにすべての登録者に向けてメルマガを配信していきます。最新情報がウリなので、登録者からの希望がない限り、バックナンバーの配信はしていません。

一方、ステップメールは、あらかじめ用意しておいたメルマガの内容を、自分で決めておいたスケジュール通り、複数回にわたり登録者に配信するシステムになっています。

この場合、読者から登録があった時点で第一回目が配信されます。

なので、今日登録したAさんには第一回目が配信され、昨日登録したBさんには第二回目が配信される…というように登録するタイミングで配信される内容がそれぞれ違います。

このステップメールは主にメール講座などで利用することが多いです。

私の場合、時短で集客して安定収入を得るための「効果的な集客方法」をメール講座形式で全7回に渡り、毎日一通づつ配信しています。

たとえば、「資料請求」の登録をしたとしましょう。

すると、下の図のように、あらかじめ設定しておいたメールが自動配信されていきます。

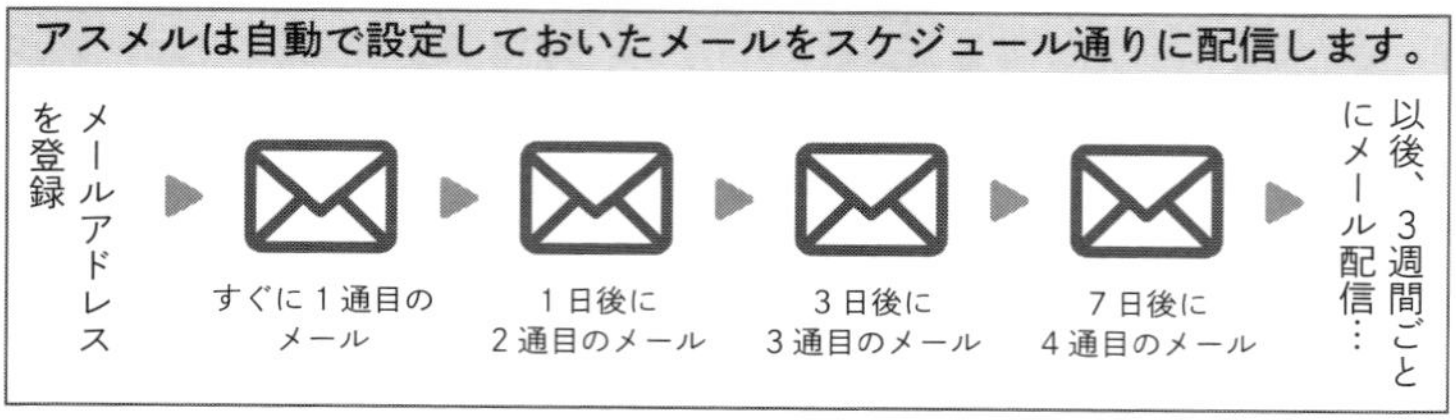

※筆者が利用しているメルマガ配信会社「アスメル」より引用
出所：http://www.jidoumail.com/index.html

❖配信期間は教育期間

ステップメールは、自分の商品に関心を持っていただいた方を「教育」して「ファン」に育てていくのにとても有用なツールです。このステップメールの配信期間はお客様を教育していくうえでとても重要な期間です。なぜならば、メルマガ講読の登録をするということは、ブログやフェイスブックで紹介している商品に興味を持ったというサインだからです。鉄は熱いうちに打てというように、お客様が興味を持っているときでないと、なかなかファンになってもらえません。

ここでよくある勘違いが、

メルマガの講読希望＝商品の購入希望

という式を立ててしまうことです。これは違います。登録された方は、買いたいのではなく、知りたいのです。そのため、この時点で売ろうとしたら、知りたいという要望に応えていないので、登録された方は離れていってしまいます。

知りたいというのであれば、教えて差しあげましょう。自分の商品がどれほどお客様の役に立つのかを―これが教育です。相手の要望とこちらのねらいが一致しているのですから、この時点では、教育こそビジネスとして最も効果的なリアクションです。

❖ 文字数や内容にも注意する

ステップメールによるメルマガの配信期間は、だいたい五～一〇回が一般的です。一回分の文字数は、字間や行間をゆったりとってA4用紙二ページ分（二千字程度）くらいが妥当です。それよりも短いと商品の魅力がじゅうぶんに伝わりませんし、長いと書くほうも読むほうも大変です。こちらの想いを十分に受け止めてもらえません。

ステップメールで伝えられる情報量は、それほど多くありません。教育期間とはいっても、自己紹介や商品紹介など表面的なことだけです。仮に、この時点で売れるものがあるとすれば、せいぜい少額の商品くらいです。

❖ 教育期間は三週間ほしい

ステップメールに登録してくれた見込み客は次の図の通り4種類に分けられます。登録者の割合が一番多いのが、「そのうち客」と「おなやみ客」です。メルマガを利用して、いかに「いますぐ客」に変えていくのか？その視点でステップメールを作成することをおススメします。

そのため、教育期間としてもう少し時間をかける必要があります。うちの商品はどのようによいのかを伝えます。だいたい3週間くらいでしょうか。これだけあれば、十分な信頼関係を結ぶことができます。お客様の心理状態が相手を信用できる状態になるまでに必要な期間です。そうすると、高額な商品も売れるようになります。

なので、ステップメール配信が終わったあともスポットでメルマガを配信し続けてくださいね！　スポット配信の場合は週に1～2回でも大丈夫です。

このように、メルマガにはステップメールという強力なシステムがあるので、今現在もLINE@には勝てない商品の販売力があります！

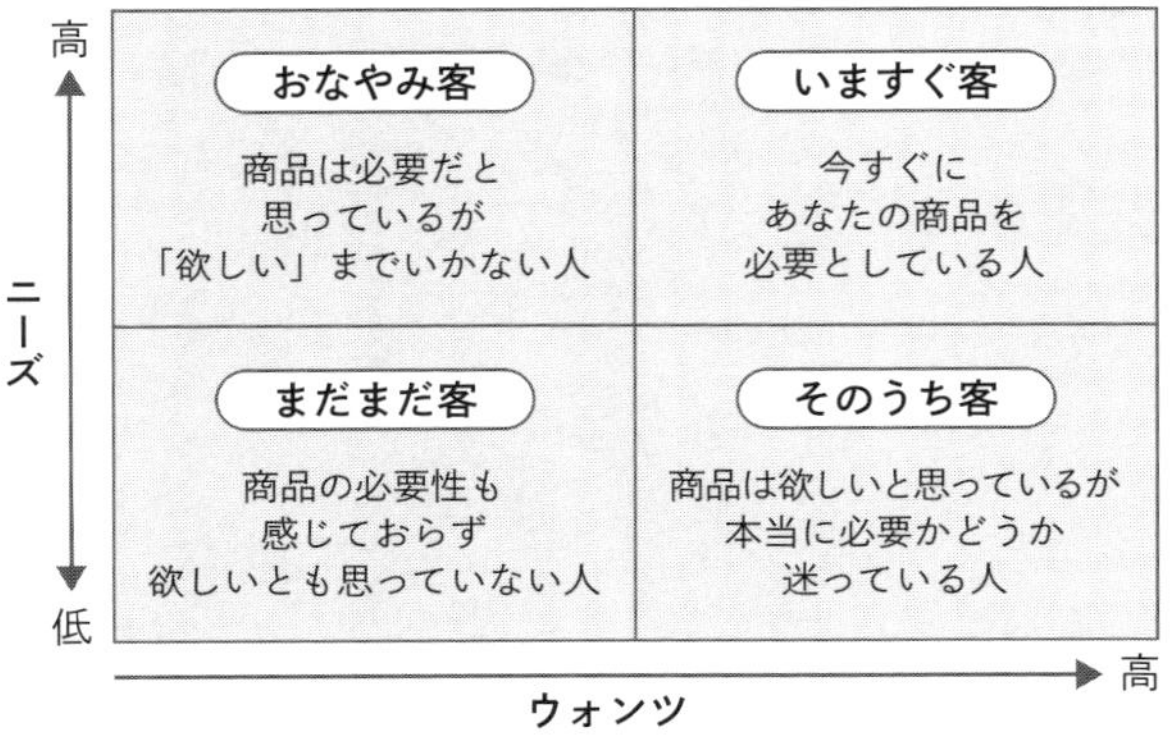
高
ニーズ
低
ウォンツ
高
おなやみ客
商品は必要だと
思っているが
「欲しい」までいかない人
いますぐ客
今すぐに
あなたの商品を
必要としている人
まだまだ客
商品の必要性も
感じておらず
欲しいとも思っていない人
そのうち客
商品は欲しいと思っているが
本当に必要かどうか
迷っている人

出所：https://bazubu.com/23timesres-5873.html

5　メルマガは一〇〇〇リスト以上必要……なのかな？

数字よりも中身

メルマガのリストは一〇〇〇以上ないと難しいとよくいわれます。これは、ある意味で本当ですが、私が提案している方法を使うと、ウソということになります。大切なのは数ではなく、自分が扱っている商品に関心を持っている人の濃いリストを集めることです。起業当初は、メルマガは一〇〇リストあれば十分です。ちなみに、一リストというのは、メールアドレス一つという意味です。

仮に、一〇〇〇リスト必要だったとしましょう。それを集めるために広告を出した場合、いくらかかると思いますか？　一リスト獲得するのに一五〇〇円くらいかかるといわれています。これで一〇〇〇リスト以上となると、広告金額は一五〇万円必要です。

簡単に出せる金額ではありません。

でも、心配はいりません。安い費用で簡単にできて、一〇〇リストからでも十分な方法をご紹介します。

ターゲットを絞ったリスト集め

ここでは、アメブロを使った場合のリストの集め方を紹介します。第1章でお伝えしたように私は、ブログ集客にはまずアメブロをおすすめしています。なぜかというと、アメブロはリスト集めに優れていて、個人起業家にはとても適したブログだからです。

何がいいかというと、一日に三〇〇の「いいね」ボタンを押すことができたり、読者登録は一日に五〇件、「ペタ」という足跡機能が一日に五〇〇件つけられること――つまり、一日に合計八五〇件のアメブロ利用者にアプローチすることができるのです。まさに八五〇件の広告を一日に出すことができるのと一緒です。でも、一日八五〇件も「いいね」をしたり、足跡を付けたりするのは大変ですよね? 手動でやると半日以上かかると思います。しかし、この作業を自動で行ってくれるソフトウェアも開発されています。この機能を使うには、ソフトの使用料として月に約三〇〇〇円程度かかります。費用対効果を考えると、とてもお得な機能です。

さらに、無作為に八五〇件を集めるのではなく、条件を絞ってリストを集めることができます。たとえば、エステに関心のある人にターゲットを絞るのであれば、クリック一つでそれができるようになっています。また、出身地や女性、男性、年齢など、条件は複数つけることができるので、深みのある絞り込みができます。これはとても濃いリストです。

❖高い開封率

開封率というのは、メルマガを送信してどれだけ開封した人がいたかの割合のことです。一般的に、メルマガの開封率は二〇％前後といわれています。メルマガの開封率はとても低いのです。これだと、たしかに一〇〇〇リスト欲しくなります。

ちなみに、私はどうかというと、先ほどの方法で集めたリストは、開封率が四〇％〜五〇％です。

仮に、開封率が五〇％だったとしたら、一〇〇人の人にメルマガを配信した場合、五〇人がメルマガを実際に読んでいるということです。この五〇人はそもそも興味があってメルマガに登録しているので、メルマガの書き方によっては商品購入へのアプローチがすごくしやすいのです。

だから少ないリストでも商品が売れてしまうんですね！

6 知識やノウハウを提供すればブログのアクセスは増える……かもしれないけれど

❖次、行ってみよう！

読者を増やすために、知識やノウハウの提供をしているブログが多いです。ノウハウを提供しているブログは面白いですよね。

たとえば、稼ぐ方法を知りたいと思って検索した場合、たくさんのブログが出てきます。読んで面白いし、役に立ちそう。そう思うのですが、それでファンになるということはあまりありません。いい情報だ、よかった！　で、別の情報を求めて次に行くだけです。ちょっと悲しい現実です。

でも、それも当然のことです。ファンをつくるには、知性を刺激するよりも、心を動かさないといけないのです。

❖ストーリーに感動する

ファンをつくるうえで大事なことは、役立つ情報のなかに自分の経験を入れることです。経験というのは、ストーリーなんです。ストーリーがあると、人の心は動きます。どんなに役立つ知識が書かれていても、辞典を読んで感動する人は珍しいと思います。ですが、小説を読んだら感動しますよね？　特に女性はストーリーに感動します。

個人起業家はこの部分を出さないといけません。大手企業に勝る高品質高性能の商品を開発するなど、個人ではなかなかできません。ストーリーによって共感を得て、感動を与えることが大事です。

❖私の場合はこうでした

人は人に共感し、感動します。知識やノウハウをストーリーにするのであれば、自分が何のために、どのようにして、その知識やノウハウを使ったのかを書くと、読む人に伝わりやすくなります。一般大衆の好みは、エリートの順風満帆ストーリーよりも、苦労人のでこぼこサクセスストーリーです。だからといって、順風満帆の人がウソを書く必要はありませんが、そういう人は本当にいるのでしょうか？

私の過去は、実はこうでした―と、気どらずに、めかし込まずに、素直に打ち明けるつもりで記事を書いてみるのもいいのではないでしょうか。

7　ブログカスタマイズして売れるブログにする
……ことができたら苦労はない

❖何のためのカスタマイズ？

同じブログでもやはりきれいなブログの方がかなり目を引きますよね？

特に女性なら、洗練されているブログに魅かれると思いますが、無料で使えるブログでは限られたデザインしか選べません。

人より目立ちたければ、有料でデザイン会社などにカスタマイズを依頼する必要があります。

料金は安いところで三万前後、高ければ一〇万円以上します。

しかし、ただ単にキレイなだけのブログはビジネスに役にたつのでしょうか？

ブログの装いをカスタマイズすれば、売れるようになる、と勘違いしている人がかなりいますが、せっかくお金をかけてブログをきれいにしてもビジネスがうまくいかなければ意味がないですよね。

ブログはキレイなだけでは売れません。それだけで売れるならみなさん簡単に売れていますよね！

❖売るために必要なこと

きれいなブログだからといって、それだけで商品が売れるわけではありません。ブログ一つでビジネスが成り立つほど甘くないことは、これまでお話してきたとおりです。ブログは、ビジネスを成功させるために必要なツールのうちの一つです。ブログには、ブログならではの使い方があります。

ブログで大切なことは、何のビジネスをしてるのか、どんな商品を扱っているのか、その商品がお客様にどう役立つか（効果）、オーナーは何をしている人なのか（自分のプロフィール）、店舗系であればどの地域にあるのかなど、そういう情報を伝えることです。ブログをパッと見て、それがわかるようになっていないといけません。

それなのに、きれいなだけで、肝心の情報がなかったり読みづらかったりするブログもあるのです。これではビジネスツールとしての機能を果たしていないので、チャンスを逃しているかもしれません。

❖ヘッダーはお店の看板

ブログのヘッダーとは、主にパソコンでブログを表示したときにトップに出る画像のことで、この画像は自分で好きなものを設置することができます。（たいていの無料ブログはそのような設定になっています。）

このブログのヘッダーはお店の看板と同じです。お客様はあなたのブログに初めて訪れたとき、まずヘッダーを見て、そのブログを読むかどうか一瞬で判断します。ですが、たいていの場合、6秒から8秒でユーザーの8割はそのブログから去っていきます。かなりショックですよね。

一日に一〇〇〇のユニークアクセス（「何人」がアクセスしたか?を現す数字の事）があったとして八〇〇人は本文を読まずに去っているんです。それくらいあなたのブログは読まれていない…。

ではいったいどうしたら、読まれるブログになるのでしょうか？

それにはやはりブログのヘッダーが重要な役割を果たします。
売れるヘッダーの作り方については第４章で詳しくご説明いたします。

第3章

「集客」より前にまずやっておかなければならない基本的なこと

1 ターゲットを誰にするかをまず決める

❖大手企業に勝つために

個人で起業する場合は、大手企業と違って資金力や知名度など、いわゆる経営資源に乏しく、競争力において大きく劣っています。それでも、ビジネスの場において戦わなくてはなりません。

では、私達、個人起業家はいったいどうすれば、資金力も知名度も信用度も巨大な「大企業」との戦いの中で生き残ることができるでしょうか？

その一つの方法は、ターゲットを絞ることです。

例えば、エステサロンを例にとってみましょう。

【一人オーナーの小さなエステサロンA店】

そのエステ店の特徴は、

・フェイシャルもボディーもなんでもやります
・二〇代から七〇代までの幅広い年齢層の女性が対象です
・敏感肌から老化肌まで何でもお任せください

そして、同じ町にある、よく似た立地条件の、

【一人オーナーのエステサロンB店】

そのお店の特徴は、

・アンチエイジングに特化したフェイシャルリフトアップ専門店
・たるみ改善が得意で今まで施術した人数は●●●●人
・四〇代以上のたるみに悩む女性のためのエステサロンです

右記の二店舗が大手サロンと肩を並べた場合、どちらのお店が勝てると思いますか？

一見、対象年齢層も幅広く「なんでもお任せください」というA店の方にお客様がたくさん来てくれそうですが…

じっくり考えてみてください。

大手エステサロンもA店と同じようなコンセプトでやっていませんか？

フェイシャルもボディーもなんでもやります
二〇代から七〇代までの幅広い年齢層の女性が対象です
敏感肌から老化肌まで何でもお任せください

右記のコンセプトで、大手サロンと勝負すると当然、資金力と知名度と信頼度がある大手サロンに負けてしまいます。

でも、ターゲットを細かく絞ったB店ならどうでしょう？

大手サロンができないきめ細やかなサービスが期待され、本当にたるみで悩む40代以上の女性に自然と選ばれるサロンになるんですよね！

❖個人起業家が生き残れる場所

どの業種にも市場（マーケット）というものがあります。エステならエステ市場、家電なら家電市場…事業分野ごとに市場＝対象となるお客様のグループが存在します。そして、市場とは、同業者がお客様を獲得するためにしのぎを削る場のことでもあります。単純に考えれば、資金力があって何でもできる大手が強いわけですが、現実は違います。大企業から零細企業、さらには個人まで、さまざまな規模でビジネスが行われています。

なぜ、大手と同じ市場で個人起業家が生き残っていけるかというと、市場のなかで棲み分けがされているからです。たとえば、化粧品メーカーを例にするとわかりやすいと思います。常に新製品を発売しているトップメーカー、その後追いをして同じような商品を開発・販売する二番手メーカー、それらとは違う独自の商品を開発・販売している中小零細メーカーのほか、メーカーというよりもラグジュアリーブランドとして君臨している海外ブランドなど、さまざまなメーカーがあります。

それぞれのメーカーが、どのような人たちをお客様にするかターゲットを絞り、規模・イメージ・得意分野などを活かしてお客様を獲得しています。すべてのお客様を独り占めしようとはしていません。

仮に、トップメーカーが二番手メーカーのまねをしたら、ブランドイメージが壊れてしまいます。また、大手メーカーは、中小零細メーカーのまねをしても会社の規模に見合った利益が出せないので、よほどのことがない限りそんなことはしません。

ですから、個人起業家のみなさんにも、起業して生き残ることができる市場が必ずあります。逆に、ターゲットを絞って棲み分けをしないと生き残れません。

❖ターゲットの絞り方

では、実際どのようにターゲットを絞れば大手のような資金力がなくても集客できるのでしょうか？

ターゲットを絞るのってとっても怖いですよね？

たくさんの方から愛されるサービスや商品であってほしいと願うのが個人起業家の願いだと思うんです。

けれども、個人起業家は、もっと大胆な発想が必要です。

一つの方法は…ターゲットを絞り込み、専門店にしてしまうやり方があります。

前述のエステ店の例でお話ししたように「リフトアップ専門店」とすることで、たるみや老化に悩む四〇代以上の方に選ばれ、愛されるサロンとなるのです。

たとえば、エステ以外で、整体院などの場合でも同じです。

肩こり、腰痛、頭痛、眼精疲労、四十肩・五十肩、ひざ痛、足のむくみ、不眠症、ストレス、などなど、腕のいい先生ほど、上記の症状で悩むお客様を何でも解決する自信があると思います。

しかし、「上記の症状を全て改善します」…と言っても、大手マッサージチェーン店などに比べて、差別化はできていません。

これを「肩こり腰痛専門店」とした場合、サービスを特化した専門店となり、尖ったイメージで、お客様の目を引きます。実際に、「慢性の肩こりでどこに行っても改善しない」というような方は、専門店を選びます。なぜならば、症状に対する明確なニーズがあるからです。こういうお客様がリピーターになってくれるのです。

これとは逆に、大手マッサージチェーン店に行くお客様というのは、漠然と楽になりたいと思っている方です。症状に対する明確な改善目的がないので、たくさんのメニューがあって、安くて、知名度が高いところを選びます。

ターゲットを絞らないということは、こういうお客様をターゲットにするということになります。つまり、意識するしないにかかわらず、大手に正面から戦いを挑むことになってしまうのです。個人でビジネスをする方には絶対におすすめできません。

2　値段による差別化は慎重に

❖選ばれるために差別化は必要

差別化というのは、同業者とどこが違うのか、何がいいのかなど、お客様に選ばれるための特徴を出すことです。

たとえば、エステでフェイシャルに特化しても、フェイシャル専門のエステサロンはほかにもたくさんあります。店舗系の場合は、同じ地域に同じ専門店があった場合、選んでもらうためにほかのお店とどこが違うのかをアピールする必要があります。

また、情報系の場合は地域が限定されることがないので、全国の競争相手のなかから選ばれるための特徴を出して、アピールする必要があります。

❖安売り広告のタネと仕掛

新聞の折り込みチラシには、スーパーマーケットの安売り広告がたくさんあります。ほかのお店よりも安くすることで、たくさんのお客様に来店していただくのがねらいです。お店の思惑どおりに、買い物に出かけてしまう人が多いのではないでしょうか。安売りには、お客様を集める効果があると思います。

しかし、それならば、と安易に安売りをしてはいけません。安売りができるところというのは、ある程度の利益を削ってもやっていけるだけの規模がある、大手くらいのものです。出血大サービスという言葉がありますが、個人起業家がそのようなことをしたら、あっという間に貧血（金欠）で倒れてしまいます。

そもそも、スーパーの安売りには手品のようなタネと仕掛けがあって、利益を損なわないようになっています。仮に、お客様が特売品だけを買って帰ったとしたら、それこそお店は大赤字です。でも、特売品だけしか買わないことって、ありますか？たいていの場合、ついでに他の商品も買って帰りますよね。そうしないと、夕飯のメニューが揃いませんから。

これが、安売りのタネと仕掛けです。特売品（利益が低い商品）でいつもよりたくさんのお客様に来ていただき、いつもの値段の商品（利益が高い商品）をたくさんのお客様に買っていただくわけです。ビジネスとして成り立つように、きちんとバランスをとっているのです。

個人のビジネスでは、値段による差別化は慎重にしないといけません。たとえば、初回お試し価格やチケット販売・モニター価格など、価値のある割引きがおすすめです。

❖価値のある割引きとは

初回お試し価格・チケット販売・モニター価格などは、割引をすることで、結局、のちに経営面でメリットが出てくる仕掛けです。

このような割引きは全て、あとにつながる理由があります。ただ、売れ残りを減らしたい＆売り上げを増やしたい、というその場のことだけを考えた単純な理由での安売とは全く意味が違います。

また、仮に安売りをしてお客様が増え売り上げが上がったとしても、利益は増えず、疲労感のみ増えていきます。そして、一時の特別価格なつもりだった安値がお客様には当たり前の価格となってしまい、値を元に戻せなくなる恐れもあります。

お客様が来ないから…という単純な理由だけで値引き販売すると、ただの安売りになり、あなたの商品やサービスの価値を下げてしまい、最終的には、自分を安く売る＝あなた自身の価値まで下がってしまいますので、割引きする際はじゅうぶん注意して行ってくださいね。

3　技術や能力で差別化できるのは一握りの人

❖技術と能力は大事な要素

店舗系でも情報系でも、お客様からお金をいただく以上は、それに見合った技術や能力が必要です。ＳＮＳを使って上手にお客様を集めることができても、お客様を満足させるだけの商品（あるいは、サービス）を提供できなければ、お客様はリピーターになってくれません。

場合によっては、ＳＮＳを使ってお客様が不満の声を発信するかもしれません。そのようなことになったら、もはやビジネスを続けていくことはできません。悪い噂というのは、いい噂よりも早く広がっていくものです。

もっとも、そのような心配をするまでもなく、お客様を納得させられる技術や能力がなければ、お客様は集まりません。

たとえば、エステサロンやネイルサロンのような店舗の場合、ＳＮＳなどにお客様の声とビフォー&アフターの写真を載せます。写真はウソをつきません。お客様が納得しなければ、ご来店いただくチャンスを失います。

でも、だからといって、超一流の技術が必要なわけではありません。技術をみがくと同時に、人気のある同業者のＳＮＳを見て、ビフォー＆アフターの写真の撮り方やお客様の声の書き方などを研究することをおすすめします。

また、起業して間もなく、まだお客様があまりいらっしゃらない時は「ビフォー＆アフターの写真やお客様の声を頂けない」と悩む方も多いです。

そんな時は家族や友人に協力してもらってください。

できる限りたくさんの方にお願いし、あなたの技術や能力を証明できるようにしておきましょう。

❖書く技術と話す技術

情報系の場合、必要な写真は、プロフィールの顔写真が一枚だけでも十分です。ですから、お客様へのアピールはあなたが発信する言葉が頼りとなります（店舗系の人も言葉は大事ですから、読んでくださいね）。

最初は、ブログ、フェイスブック、メルマガ、ホームページなどを使って、文字で伝えます。

文章を書こうとすると、知らず知らずのうちに肩に力が入って、硬い文章になってしまいます。そして、緊張の糸が切れると突然、開きなおって、くだけた文章になったりします。アップダウンの激しい文章もよくありません。こういうことは、顔の見えない大勢の人に向かって文章を書くときによく起こります。たとえるなら、大勢の人を前にして話しをする際、自分をよく見せようとして緊張し、うまく話せないのと同じことです。

決してうまく書こうとせず、まず、「伝えたい事」を箇条書きしてみます。

その箇条書きにした文章の中からこれだというテーマを1つだけ決めます。そしてその箇条書きに肉付けしていくことで、読みやすく伝わる文章に仕上げていきます。

肉付けのコツは、

◆なぜそうしようと思ったのか？

◆どんな方法で？

この2つの質問を自分に問いかけながら、その答えを文章に書いてみてください。

そして、その文章を自分の感情を入れながら、まとめていきます。

【実例】

今回は私の場合で考えてみます。
箇条書きの中から、選んだテーマ
「私のコンサルティングは時短で集客できることが特徴」
だとします。

Q：なぜそれを取り入れようと思ったのか？
A：仕事で家族との時間を犠牲にしてきた経験があり、身体も心もボロボロになった。どうにか、時間短縮して売り上げを上げる方法がないかをずっと模索していた。その結果、家事や育児に忙しい女性起業家でも、自分の時間を犠牲にすることなく幸せに働くことができる方法を確立できた。
Q：どんな方法で？
A：ブログのアクセスはツールを使って簡単にしかも時間短縮してアクセスアップすることができる。

またメルマガを使えば、ブログを毎日更新する必要なく、お客様との信頼関係を築けるので、高額の商品やサービスを提供することができる。

【まとめ】

テーマ「私のコンサルティングは時短で集客できることが特徴」

私は過去に、生活のため必死に仕事をしてきました。

その結果、生活するためのお金は得られたけれど、もう取り戻す事のできない家族との貴重な時間を犠牲にし、気付けば身体も精神もボロボロの状態でした。

なので、私と同じような思いをしてほしくないと、家事や育児に忙しい女性起業家でも、自分の時間を犠牲にすることなく幸せに働くことができる方法を確立させました。

その具体的な方法を私のコンサルではクライアントさんにお伝えしています。

例えば、時間短縮のためにツールを使いながら、ブログのアクセスアップを図るので、毎日ブログを更新する必要はありません。

またメルマガを使いながら、お客様と信頼関係を築き、高額の商品やサービスをご提供することが可能になるため、売上を安定させることができます。

❖真心を伝える

このとき、ターゲットをより明確に絞れていると、お客様の心に届く文章を書くことができます。ターゲットがしっかり絞れているということは、自分のお客様になる人がどんな人なのか、はっきりわかっているということです。

よく「ターゲットを絞るも何もそもそもターゲットが誰なのかわからない」というようなご相談を受けます。

ターゲットは、あなたの理想のお客様像です。

こんな人とお仕事したい
こんな人を救いたい
こんな人と相性が合う

など、あなたがお客さんとなってほしい方をイメージしてください。

そうすると自然とその理想のお客様（ターゲット）が何に悩み、どんな情報がほしいのか想像できるはずです。

そのターゲットにあなたの言葉で語りかけてください。

そのフレーズを読んで、「私のことだ!!」と思ってくれた方があなたのお客様となってくれます。

これは技術や能力というよりも、真心といったほうがいいですね。真心が伝われば、お客様はあなたと会いたい、話しがしたいと思うようになります。その際に必要な話す技術というのも、真心から生まれます。

❖技術よりも愛が大事

技術は大事なのですが、過信してはいけません。過信するというのは、「高い技術があれば絶対にやっていける」と思うことです。こういう方は、マッサージ、整体、整骨院、エステなど、手技を施す方に多く見られます。しかし、実際は、技術だけで食べていけるという人は本当に一握りです。かなり高度な技術でないとダメですし、そういう人は滅多にいません。

多くの方は、技術以外の部分でもお客様に愛されています。お客様は愛しているから、その人の技術を一番だと感じるし、リピーターにもなるのです。ですから、その愛に気づかず技術だけにこだわる人はお客様が徐々に離れていく可能性もあるんです。

❖能力よりも愛が大事

情報系でも同じことがいえます。自分は能力が高いとうぬぼれる人はめったにいないでしょうが、コンサルタントやカウンセラーなどは時として、先生と呼ばれたりします。そう呼ばれているうちに、自分はすごいんだ！　と勘違いしてしまったりします。そうなると、さまざまなことで空回りが生じるようになり、自滅の道をたどる危険があります。注意しましょう。

私は、店舗系と情報系の両方のビジネスをしています。やはり、どちらのお客様（リピーターの方々）からも愛を感じます。その愛に応えることがビジネスの喜びでもあります。

4　「女性の人生」ならではの差別化

❖信念

「お客様を絶対に幸せにする！」という強い信念。

これがないと起業は成功しません。たくさんのノウハウや高度なテクニックだけを使ってもその信念の元、行動できなければ、たとえ成功したとしても一時的なもので終わるでしょう。

こういった信念は、技術や能力で作れるものではありません。

あなたには起業するときの熱い想いがあったはずです。

あなたがなぜこのビジネスを始めようと思ったのか どのような方法でお客様を救いたいと思ったのか

もう一度それを思い出し、ＳＮＳなどのＷｅｂツールを活用することで、あなたの信念をお客様に伝え続けてください。

まだ会ったことのない、未来のお客様にあなたの大事な想いを伝えることができるのが、Ｗｅｂツールの最大のメリットです！

❖ 人生が重なる瞬間

信念がすべての人に伝わるわけではありません。ですが、その信念に共感してくれる読者（将来のお客様）は必ずいます。

自分と同じことで悩んでいた人がいた、この人はそれを克服した、この人なら私の悩みを解決してくれるかもしれない。

読者に共感してもらえた時、それが、あなたと読者の人生が重なった瞬間です。

❖悩みと喜びを分かち合う

読者は、自分と同じことで悩んでいたという部分であなたと自分の人生を重ね合わせ、共感してお客様になります。決して、悩みを解決する技術に惚れ込んでお客様になると思ってはいけません。どんなに高い技術を持っていたとしてもです。

大事なことは、お客様と悩みを分かち合い、悩みを通して共感し合うことです。それが、お客様に寄り添った接客です。だから、お客様はあなたの愛を感じ、あなたを愛してリピーターになってくださるのです。

そして、お客様の悩みが解決されたとき、「よかった」と喜びを分かち合い、より強い絆で結ばれていきます。

❖悩みが深いほどお金になりやすい

女性は共感されるとうれしい生き物ですよね。

だから悩みをわかってくれる人が好きで、さらにその悩みを解決してくれる人を求めています。

そんな時、SNSなどで悩みを簡単に解決してくれそうな人がいたら、興味を持つのは当然です。しかも過去にその悩みを解決した経験があるのなら、相談せずにはいられなくなりますよね。

これが、女性の人生ならではの差別化です。女性の起業は悩みの解決が一番です。

男性の場合、ほかのお店と金額を比較したりほかの要素からお店選びを考えますが、女性はその人個人のファンになっていきます。その人のある部分がいいんだと思ったら、全部いいんだと思って買ってしまうということもよくあります。

そういう人をお客様にしたほうが、みなさんもビジネスがしやすいと思います。

「悩みの解決」はビジネスチャンスであり、悩みが深いほどお金になりやすいのです。

5 「いくら稼ぐか考えること」がビジネスの基本

❖あなたの行動を左右する売上目標

私のところにご相談に来られる方に「月にどれくらい稼ぎたいですか」ときいてみると、「いや〜、考えたことないです」という答えの方もいます。

女性は数字が苦手だと思いますが、ぜひここは目をそむけず考えてください。月の売上額を目標として決めておかないと、あなたが日々どんな行動が必要で何を優先しなければならないのかが全くわからないのです。

例えば、一人オーナーのアロママッサージ店で月五〇万円の売上を目標とした場合、月の稼働日は二五日として一日の売上は二万円必要な計算となります。

アロマのメニューで一人平均客単価が一万円の場合は一日二人のお客様が必要で、毎月五〇名を施術する計算となりますが、お客様の平均来店頻度が月に二回の場合は、二五名の固定客でいい、となりますよね？

ただし、あなたのお店の客単価が低ければ、当然集客する人数が多くなるということです。

このように売上目標から逆算し、一ヶ月何人集客し、何人リピートしてもらう必要があるのかを明確にし行動する必要があります。

月の売上目標というのは、とても大事なものなのです。

❖差別化の方法

ビジネスで一番大事なことはマーケティングです。

マーケティングとは市場調査や広告、販売、競合調査などさまざまな活動が含まれますが、目的は、他者との差別化を図り、あなたの勝ちパターンを見つけることです。

あなたは起業する前にライバルの調査は行いましたか？

きっとある程度は調べているはずですよね？

たとえば、

店舗系のお仕事でしたら同じ地域の同業者のサービス内容や値段

情報系なら、全国の同業者のサービス内容や値段

これぐらいは当然調べて起業していると思います。

では調べた結果、どうやって分析していますか？　競合調査をどのように自分の事業に活かしていますか？

このように質問すると、あいまいな答えが返ってくるケースが多いです。

競合調査をするだけでなく、得られた情報を分析することで差別化の方法が見えてきます。

【差別化の方法】

1. あなたのターゲットは何がほしいのかを分析する
2. そのほしいものを提供している他のライバルを探す
（情報系ならインターネットやSNSを使い10社以上、店舗系ならネットの他に地元の情報誌や地域の方への聞き込みで、最低3社は行いましょう）
3. そのライバルの強み、弱みを分析
4. 自分の商品サービスの強み、弱みを分析
5. ライバルの強みに対して、できれば同等のサービスや商品を提供する
6. そしてライバルの弱みに勝てる「自分の強み」を見つけていく

このように、ライバルにはどうしても補えない場所（弱み）を見つけ、それを補えるものを「自分の強み」として、差別化を行っていきます。

6「それは本当にお客様の望む商品か」を考える

❖ビジネスが主役　資格や技術は助演女優

ビジネスをするうえで資格をとったり、技術の講習を受けたりすることは、悪いことではありません。ただし、ビジネスが主役であって、資格や技術はそれを補助するものであることを忘れないでください。ビジネスはあなたに収入をもたらすものですが、資格は持っているだけでは何の収入にもなりません。ビジネスで活かしてこそ、資格は真価を発揮します。

資格取得も技術講習も、それがあなたのビジネスに役立つのであれば、可能な限り積極的に行動するべきです。ちなみに、ビジネスに役立つというのは、お客様に役立つという意味です。「ビジネス＝お客様」です。その証拠に、次のことがいえます。

ビジネスはあなたに収入をもたらします　お客様はあなたに収入をもたらします

つまり、ビジネスが主役だということは、お客様が主役だということです。

❖趣味とビジネス

趣味がビジネスになったら素敵かもしれません。ですが、ビジネスにしたらそれはもう、ビジネス以外のなにものでもありません。楽しかった余暇の時間は、お客様のために働く時間に変わります。すべてを自分本位からお客様本位に切り替えないといけません。

それでも、お客様の喜ぶ顔が見られるなら、起業してよかったと思うはずです。何をビジネスにするにしても、大事なことは、あなたが提供する商品やサービスがお客様の望むものであること、お客様が喜ぶものであることです。そしてその商品は、お客様がお金を払ってでもほしいと思うものかどうか、じっくりと考えてください。

それと同時に、決して忘れてはいけないことは、ビジネスである以上、利益を出さないといけないということです。

利益が出ないものはボランティアです。

あなたがやりたいのはビジネスですか？　ボランティアですか？

ボランティアを批判するつもりはありませんが、スキマ時間を活用し、収入を増やしたいという明確な意図があるなら、ビジネスを安定的に続けていけるように、儲けることをシビアに考えてください。

7 信用性という意味ではホームページがあったほうがいい

❖中小企業の信用を高めるツール

ＳＮＳが登場する前の時代、二〇世紀の終わりが近づいてきた一九九〇年代の話です。九〇年代のはじめのころはまだ、パソコンやインターネットを使うにはそれなりの知識が必要で、だれにでも使えるというものではありませんでした。そのため、普及率が低く、大手企業でも自社のホームページを持っている会社はそれほど多くありませんでした。見る人が少ないので、必要がなかったのです。

それが、九〇年代の後半になると、パソコンやインターネットが従来よりも使いやすくなり、利用者が増えていきました。大手企業がホームページの開設を真剣に検討し、取り組みはじめたのはこのころからです。ホームページは大手企業の証、ステータスとして認識され、同業他社に先駆けてホームページを開設した会社の社員は鼻高々でした。

二〇〇〇年代になると、自社のホームページを開設する中小企業も増えていきました。会社の名刺代わりにいい。大手企業と同じものを持つのだから信用が高まる。大手企業よりいいものをつくればさらに信用が高まる。大手と競争することもできる…。こうした声が中小企業の背中を押しました。

声の主は、この時代にたくさん登場してきた、IT企業（ホームページ製作会社も含む）や情報系コンサルタントです。「IT革命」という言葉が流行った時代でした。

この話から、ホームページがあると会社の信用が高まる、という話の発信元と根拠がわかったと思います。でも、これは「巷にあふれるウソ」ではありません。その後、多くの人がそのとおりだと思うようになりました。今から思うと、「ホームページ信仰」とでもいうべき状況がありました。

❖ホームページがないと業界トップでも不審者扱い

たとえば、飛び込みで営業の方がやってきて、名刺を置いていったとします。それが知らない会社だったら、今でも、インターネットでどんな会社か調べますよね。当時もそうでした。ホームページがあればどんな会社かわかるので、信用とまではいきませんが、安心感は得られました。時には、「名前は知らなかったけど、結構、いい会社みたい」「小さいけど、その分野ではトップクラスらしい」ということもありました。一般の人には知られていないけれども、自信のある会社はどんどんアピールしていました。

逆に、ホームページがなかったら、どんな会社かわかりません。「ホームページがないけど、この会社、大丈夫？」というのが、一般的な認識になっていきました。別に、ホームページがないからといって、必ずしもダメな会社というわけではありませんでした。業界内で信用力トップの会社が、一般の人とは取引をしないから必要ない、とホームページを開設していないこともありました。

しかし、時代の流れには逆らえません。その後、こうした会社も情報発信の重要性を認識するようになり、ホームページを開設するようになっていきました。

❖まずはブログ　それからホームページ

今も昔も、大事なことは情報を発信していくことです。かつては、企業や個人がインターネットを使って情報を発信するには、ホームページを開設するくらいしか方法がありませんでした。でも、今はＳＮＳなどのＷｅｂツールがあります。個人の起業家であれば、最初は無料で利用できるブログから始めていいと思います。

ホームページをつくるには、それなりの知識が必要です。スタートアップの大事な時期に、ホームページの勉強に時間をとられるくらいなら、ブログの記事を書いたほうがビジネスにとって有益です。しっかりつくれば、ホームページに代わるものになります。

ただし、ホームページの制作が負担にならないのであれば、ホームページをつくっておくことをおすすめします。ホームページ信仰はまだ、思わぬところで生きていたりします…。

ホームページはブログと違って、リアルタイムに更新する必要はありません。たとえば、会社名、会社の概要、商品（あるいは、サービス）のメニュー、プロフィールを載せておけば十分です。

ちなみに、私はブログを重要視しています。ブログは日々情報を発信するので、躍動感を持って自分のことを表現できます。

一方、ホームページからは躍動感が感じられません。それと、個人経営のお店に多いのですが、ホームページはあるけれどもう既に閉店していて、連絡したらもうやめていた、ということがたまにあります。

その点、ブログは安心です。更新があるかないかでその店に存続がある程度確認できます。これが私のブログを重要視する理由です。

第4章

ブログ・フェイスブック・メルマガ
ビジネス利用における
使い分けのコツ

1　各種Webツールのそれぞれの性質をつかみましょう

❖Webツールのキホンはメッセージです

ビジネスをするうえで重要なことは、提供する商品・サービス&あなた自身の価値を将来の見込み客に伝え、お客様を創造しなければなりません。

「このような信頼性のある商品・サービスにより、お客様はこのような満足を得ることができます」というような、ご自分の商品・サービスの価値アピールを、地域や階層を超えて多くの人々に、ほぼゼロコストで伝える事が出来る。それがブログ、フェイスブック、メルマガ等のWebツールの魅力だとお伝えしてきました。

そこでお客様に伝えるべき価値とは、お客様にとってのメリット、すなわち、お客様の抱える問題に対しご自分の商品・サービスがどのように役に立つのか…ということです。

さて、あなたはもう、ご自分の商品・サービスを求めているのはどのようなお客様で、そのお客様に伝わる効果的なメッセージのポイントはどこなのか、考えているでしょうか？　もう既に考えているのであれば、その商品・サービスのメリットをターゲットに投げかけるメッセージも用意できますよね？

後は、ターゲットにそのメッセージを投げかけるだけです。

❖各ツールの役割を再チェック

ここでは、ブログ、フェイスブック、メルマガのそれぞれの特性を確認しながら、商品・サービスの価値が効果的に伝わるＷｅｂツールの活用法を、より具体的にお伝えしたいと思います。

これら三つのツールは、この章で紹介する点に注意して正しく使えば、スキマ時間の集客でも高い効果を発揮します。

三つのツールにはそれぞれ特徴があり、その特徴を活かすことで集客に高い効果を発揮します。この特徴を意識せず、単なる情報発信ツールとして使っているだけでは、集客は思うようにできません。

2 伝わるブログの作り方

ビジネスでブログを使うのであれば、ただの日記ではなく、やはりあなたの商品やサービスの価値を伝えるブログを作る必要があります。

そのためにはさまざまなポイントが存在します。

全て文字だけで書いて説明するのはとても大変ですので、ここではブログの中でも重要な役割を果たしているヘッダーとブログタイトルについて、チェックしてみましょう。

第2章でもお話ししましたが、ブログのヘッダーはお店の看板と一緒です。

あなたのブログを訪れた人が一番最初に目するのがヘッダーです。

そのヘッダーが魅力的かそうでないかで、売れるブログかどうかが決まってしまうぐらい重要なのです。

では、具体的にどうすれば「伝わるブログ」になるのかご説明します。

まず絶対必要なのは、ヘッダーに、「具体的なターゲット」と「具体的なメリット」を明確に表示することです。

コンサルタントとしての私のブログのヘッダーには、

週にたった1回のブログ更新だけで家族の時間を確保しながら
毎月五〇万~一〇〇万！　女性の幸せ「週1満席ライティング」

と入れています。

具体的なターゲット↓女性起業家
具体的なメリット↓週1回のブログ更新だけでも
毎月五〇万~一〇〇万！

数字が含まれることによって具体性や客観性が出てよりイメージしやすくなります。

このブログは自分に必要なブログだ！　と読者に意識させなければ読まれることはありません。

また、店舗系のブログであれば地域名は必ず載せたいです。

北海道の人が沖縄の店舗ブログを見て、良いな！　と思って

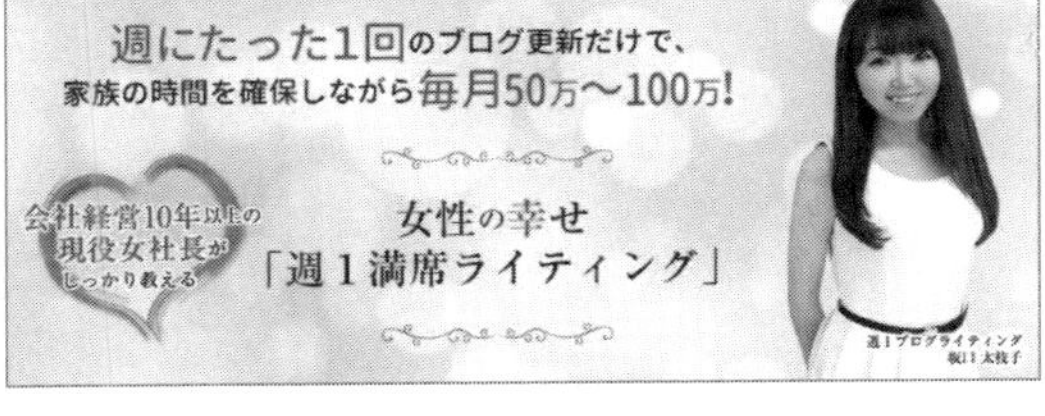

もなかなか来店できませんから。

ヘッダーには文字だけはなく、画像を使うこともできます。

エステサロンなどであればお客様のビフォー&アフターをヘッダーに載せるのも目を引きますね。

オーナーの顔写真を載せるのも、信頼感を得るためにおススメです。

大切なのは、明確化です！
「誰に」「何を」伝えるのか。

ここは明確にしていきましょう！

❖ヘッダーの役割―チェックポイント

あなたのブログについて、次の質問にＹＥＳ／ＮＯで答えてください。

①ヘッダーはお店の看板です。看板の重要性を認識していますか？
②ヘッダーには、次の情報が最低限必要です。全て書かれていますか？

a　店舗系……地域名・ターゲット・ターゲットのメリットが一目でわかるキャッチコピー・営業時間・定休日・電話番号などの店舗情報

b　情報系……ターゲット・ターゲットのメリットが一目でわかるキャッチコピー

③ヘッダーの写真について、次のようになっていますか？

a　店舗系……サービス内容（商品）が一目でわかる写真を使っている

b　情報系……自分の顔写真を使っている

すべてYESと答えた方は、ヘッダーについて、基本的なミスはありません。ですが、何か誤解しているところがあるかもしれません。本当にすべてYESなのかどうか、それぞれの項目について解説するので確認してください。

もちろん、NOと答えた箇所があった方は、解説に従ってブログの効果を高めていく必要があります。

① ヘッダーはお店の看板

読者はヘッダーを見て、わずか6秒から長くて8秒以内でそのブログが魅力的か、自分に必要かどうかを判断します。

いわば、お店の看板と同じです。たくさんいるライバルたちよりも目を引くものでないといけません。とても大事なものなんだと認識してください。

よく、ブログのカスタマイズはプロに依頼したほうがいいのでしょうか？と聞かれます。

金銭的に余裕のある方は、専門の企業にしっかり作ってもらったほうがいいのですが、そうではない場合、私のおススメサイトがあります。

なんとヘッダーだけなら数千円で作ってくれるんです。私もよく利用しているこちらのサイト←

ココナラ　https://coconala.com/

このサイト内で「ヘッダー作成」と検索して、あなたにぴったりのヘッダーを作成してくれるところを見つけてください！

セミプロやプロとして活躍されている方が作ってくれるので、安くてもクオリティーが高いのが特徴です。

ただし、自分で作成依頼をするためにはある程度ヘッダーについて正しい知識が必要です。何もわからず業者に丸投げすると「伝わらないヘッダー」が出来上がります。業者はあくまでヘッダーを作成するだけで、「伝わるヘッダー」を作成してくれるわけではありません。

伝わるヘッダーができるかどうかは、あなた次第となってきます。

最初でＹＥＳと答えた方も、次の②で指摘しているようになっているか、③で指摘しているような間違いがないか、確認してください。

② 必ずヘッダーに書き込むべき情報

お店の看板と同じ、と書きましたが、ヘッダーの場合、文字情報がお客様に選んでもらうためのポイントとなります。なぜなら、ブログを選ぶお客様にはニーズがあって、そのニーズに訴えかけることができるのが、ヘッダーの場合は文字情報だからです。

店舗系であるならば、地域名・ターゲット（対象客）・ターゲットにとってのメリットが一目でわかるキャッチコピー・営業時間・定休日・電話番号――は必ず載せてください。特に、地域名の入っていないブログが目立ちます。どこにあるのかわからないのでは、その時点で読者は素通りしてしまいます。

また自宅サロンの方は、電話番号を公開するのに抵抗があるという人も多いのですが、ぜひ営業用に一台携帯電話を契約されて、お客様が気軽の問合せできるように、目立つように明記しておいてください。

住所については、公開するのがベストですが、女性一人でマンションを借りている場合や自宅サロンなどは、この限りではありません。ただし、だいたいの場所を明記し、ブログの記事内で「ご予約いただいた方に詳しくご説明します」、もしくは「駅まで送迎いたします」などとご案内しましょう。

情報系であるならば、ターゲットと、ターゲットにとってのメリットが一目でわかるキャッチコピーを必ず載せてください。地域名が不要なのは、情報系は全国の人をターゲットにしているので、あえて地域を限定する必要がないからです。

ただし、地域限定のビジネス展開を考えているのであれば、その場合は地域名を入れます。

また、情報系は電話番号などの記載は必要ありません。もしいきなりお客様から電話がかかってきたとしても対応できない内容が多いと思います。お問合せはメールでいただくようにしましょう。

③ ゴージャスでキレイなヘッダー

看板だからきれいにしたい。その気持ちはわかります。ですが、イメージばかりが先行して、読み手―未来のお客様のニーズに訴えることを忘れているヘッダーをよく目にします。そこで、次の点に注意してください。

店舗系の方は、業種が一目でわかるイメージにしてください。自宅サロンなどに多いのですが、美のイメージを打ち出したいばかりに、何のサロンなのかわからないヘッダーをよく目にします。ネイルならネイル、フェイシャルならフェイシャル、アロマならアロマというように、はっきりわかるヘッダーにしてください。情報系の方は、本人のバストアップ（胸から上）の写真をヘッダーに使うのがベストです。なぜなら、情報系は一度もお会いせず、高額な商品をお客様に購入していただくこともあります。なので、あなたがどんな方なのかイメージできたほうが、お客様は安心できますよね？　あなたのイメージに合った写真で暗い写真より、明るめの写真を選んでください。プロに撮影してもらうのがベストですが、起業初期ならスマホやデジカメで撮影しても大丈夫です。

ただし、副業などで顔出しできない場合は無料で使用できるイメージ画像などでも大丈夫ですよ。

3　ブログタイトルがまとまらないときは本のタイトルを参考にする

❖検索エンジンからの検索

あなたが何か情報を得たいとき、まずグーグルやヤフーなどの検索エンジンを使い、キーワードを入力しますよね？

たとえば、

和歌山　エステ
東京　起業　セミナー
大阪　アロマ　教室

など、あなたの未来のお客様はきっとこのように検索しているはずです。

この未来のお客様から検索されるときに重要なのが、ブログタイトルです。この点について、きちんと意識していますか？

ブログタイトルはヘッダーと違い、たいていの無料ブログではすぐに修正することができる設定になっています。次の点を確認して、必要があれば、早急に対応してください。

❖ブログのチェックポイント―ブログタイトル

それでは、あなたのブログタイトルについて、次の質問にＹＥＳ／ＮＯで答えてください。

①グーグルなどの検索エンジンからブログが検索される際、ブログタイトルに入っている言葉がヒットしやすいことを知っている。
②ブログタイトルを三二文字前後にしている。
③ブログタイトルが検索された際、読者にクリックしてもらうことを意識したタイトルをつけている。

すべてＹＥＳと答えた方は、ブログタイトルのつけ方に基本的なミスはありません。ですが、何か誤解しているところがあるかもしれません。本当にすべてＹＥＳなのかどうか、それぞれの項目について解説するので確認してください。

もちろん、NOと答えた箇所があった方は、解説に従ってブログタイトルを書きなおす必要があります。

① ブログタイトルの重要性

冒頭の説明のとおり、読者が目的の情報を探す際、グーグルなどの検索エンジンを使って検索することもあります。ブログタイトルは検索結果に最も表示されやすく非常に重要なんです。

あなたの見込み客が検索しそうなワードを使うことも重要ですし、検索結果に表示されたときに、興味をそそるようなタイトルである必要があります。

それでなければ、そもそも見込み客からクリックされませんよね。

【ブログタイトル】ずるいぐらい成功する！
月100万を安定させながら10年先も愛されるサロンの作り方

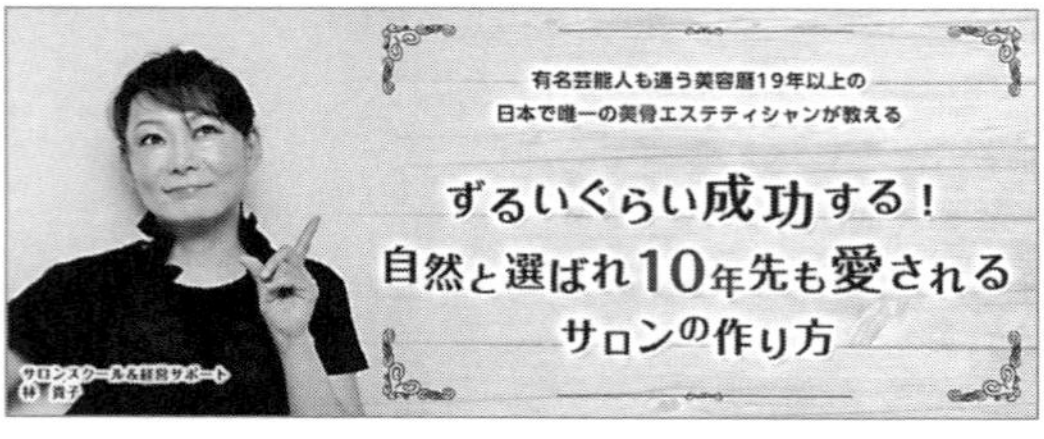

② グーグルの検索の法則――三二文字前後

グーグルは利用者の最も多い検索エンジンです。グーグルで検索してみるとわかると思いますが、タイトルとして表示される文字数はだいたい三〇～三四文字前後です。この文字数を超えると、グーグルのタイトルが全文表示されず三四文字以上は「……」と表示されてしまいます
ただし、これは、使用するブラウザによって多少の誤差があります。
なので、タイトルは三二文字前後に収めるのがベストです。

③ クリックしてもらうために

ブログタイトルに盛り込む情報は、店舗系なら必ず、地域名、を入れます。情報系は、必要がない限り、地域名を入れる必要はありません。

ブログタイトルをつけるうえで難しいのは、必須情報を並べるだけではダメだという点です。キャッチコピーのように上手にまとめないと、クリックしてもらえません。もしも、うまくまとめられなかったら、次の方法を試してください。

❈本のタイトルを参考にする

ブログタイトルがうまくまとまらないときは、売れている本のタイトルを参考にします。人気作家の本だったり、芸能人の本だったりといろいろありますが、アマゾン

やトーハン、日販などの大手書籍流通会社のホームページ、書店組合のホームページなどに、月間売上部数や年間売上部数のランキングが掲載されています。単に売れているというだけでなく、ターゲット層に人気の本、親しみやすい本などを選ぶといいかもしれません。

売れている本というのは、タイトルだけで興味を持ったりすることがあります。すごく上手なタイトルがつけられていることが多いので、とても参考になります。何かもじってみたり、一文字変えたりと、そのまま使うのではなく、工夫して自分のブログタイトルに作り替えてください。

4 アメブロのデメリットとそれを補うメリット

❖ 一日八五〇件に宣伝する機能

アメブロの名称で知られているアメーバブログは、起業をしている方にとてもおすすめです。第2章の5でもお伝えしたとおり、「いいね」「ペタ」「読者登録」の機能を使うと、一日八五〇件の宣伝ができます。こうした機能が使えるのはアメブロだけで、これが一番のメリットです。

いいね機能………一日に三〇〇のブログに「いいね」ボタンを押すことができる
ペタ機能…………一日に五〇〇件のブログに、自分がブログを訪れたことを知らせる「足跡」をつけることができる
読者登録機能……一日に五〇件のブログに読者登録をすることができる

ただし、一日八五〇件を手動で全て行うには、おそらく半日以上かかってしまいます。

そこでこの機能を自動で行ってくれる便利なソフトも各社から出ています。使用するにはだいたい月々約三〇〇〇円かかります。営業費としての費用対効果は非常に高く、私はこのようなソフトを使いこなしアメブロで集客を成功させています。

❖SEOに弱い

SEO（検索エンジン最適化）とは、検索時に表示順位を上げる機能のことですが、ブログのデメリットはこのSEOに弱いことです。検索エンジンで検索した際に、上位表示されにくいのです。

だからこそ、前述でご紹介した月三〇〇〇円程度の有料のソフトを使い、自分から宣伝活動する必要があります。

一日八五〇件宣伝し、このデメリットを補うのです。

特に全国の見込み客をターゲットとする情報系の場合にはこの方法がオススメです。

このソフトを使う目的は、ただ単に意味のないアクセス数のアップではありません。ビジネスにつながる重要なメルマガリストを獲得し続けるために使います。

なので、逆にメルマガが必要ない店舗系ビジネスはこのソフトが必ずしも必要というわけではありません。

❖検索率をアップさせるには

無料のブログはもともと、SEOに弱いです。インターネットという仮想空間のなかでSEOに強いのは、ドメインを取得しているホームページです。ドメインというのは、たとえるなら、インターネット上の住所です。この住所に建っている建物が、ホームページです。

ドメインを持っている人がオーナー（大家さん）であり、ブログを開設するというのは、このオーナーから部屋を借りること、いわば賃貸集合住宅の一住人ということになります。

さて、ここで問題です。初めて訪れる人の家を探す場合、一軒家に住んでいる人と何棟もある巨大な団地に住んでいる人の部屋では、どちらが見つけやすいでしょう？当然、一軒家のほうが見つけやすいですよね。

ネット検索でも同様で、一軒家であるホームページが、集合住宅のブログよりも先に検索に引っ掛かるのです。

ですから、ＳＥＯにこだわるのであれば、ドメインを取得してホームページを開設するべきです。ドメインの取得は数千円でできますし、年間の管理費も一〇〇〇～五〇〇〇円ほどです。

しかし、少なくとも、私が提案している「個人起業」に関していえば、必ずしも必要というわけではありません。もちろん、すでにドメインを取得してホームページを持っているのであれば、それは有効に活用するべきです。

大事なことは、知ってもらって、ファンをつくっていくことです。インターネットを検索している人の大多数は、それがブログであろうとホームページであろうと区別して見ていません。

5 フェイスブックは写真が命

❖ 大げさではない事実

集客において、フェイスブックはネットが苦手な初心者の方に適したツールです。無料で簡単に始められるだけではなく、投稿や設定もブログよりもとてもシンプルです。フェイスブックの特徴は、文字はさほど読まれていないということ。女性は特に、文字を読むのがキライです。興味を持たないと読みません。なので、フェイスブックでは写真がとても重要な役割を果たします。魅力的な写真で、まず興味を持ってもらい、記事を読んでもらうよう誘導します。

もちろん目を引く写真でないと見てもらえまえせんよね。女性は写真を見て、「わ～、きれい！」というように、思わず気を引かれたときにじっくり読むものです。

ごちゃごちゃしていて一目見ただけでは何が被写体なのかがよくわからない写真や、被写体がはっきりしていても背景がよくない写真があると、そこは素通りされてしまいます。

では、フェイスブックを使って集客を効果的に行うために、どのような点に気を付けてばよいのでしょうか。

❖フェイスブックのチェックポイント

あなたのフェイスブックについて、次の質問にＹＥＳ／ＮＯで答えてください。

①自分のターゲットが一番読んでくれそうな時間を考えて投稿していますか？

②写真の重要性を認識して、記事を読んでもらうための目を引く写真を載せていますか？

③自分のビジネスの宣伝やＰＲの記事ばかりではなく、見込み客とコミュニケーションを取り信頼関係を築いていますか？

すべてＹＥＳと答えた方は、フェイスブックの使い方に基本的なミスはありません。ですが、何か誤解しているところがあるかもしれません。本当にすべてＹＥＳなのかどうか、それぞれの項目について解説するので確認してください。

もちろん、ＮＯと答えた箇所があった方は、解説に従ってページを見なおす必要があります。

①　ターゲットを考えた投稿時間

あなたのターゲットがフェイスブック上で活動している時間に投稿する事が大事です。

たとえば、会社員やＯＬが対象なら、通勤時間やお昼の休憩時間または二二時以降も反応が良いです。

主婦の方がターゲットなら朝10時頃…などなど、投稿時間を考えてＵＰしましょう。

②　写真の重要性

これについても、冒頭で述べたとおりです。よく、フェイスブックは自撮りがいいといわれますが、自撮りならば何でもいいというわけではありません。やはり、いい写真でないと読者の目にとまりません。

大事なことは、人目を引くいい写真であることです。自撮りでも、人に撮ってもらってもかまいません。いい写真を選んで載せてください。

写真はプロに頼む必要はありません。携帯やスマホのカメラで十分きれいに撮れます。目を惹く、魅力的な写真を載せている方というのはたいてい、何枚も撮って練習しています。写真は得意ではないという方も、どんどん撮ってきれいな一枚を見つけてください。たくさん撮って最高の一枚を選ぶというのは、プロのカメラマンが日常的にしていることです。恥ずかしがらずに、どんどんシャッターを切ってください。

では、「いい写真」を撮るための3つのポイントをお伝えしましょう。

ポイント① 人物写真の場合

白い背景の明るい写真の方が、好感度は高いです。室内で撮ると、意外に暗い写真になります。カメラアプリなどで明るめに設定してください。また、自分一人で写っている自撮り写真ももちろん効果的ですが特にお客様と一緒に映っている写真は、人の目を引きやすいです。

ポイント② 食べ物の場合

食べ物の写真も人の目を惹きます。ですが、美味しそうじゃないと効果は半減します。

白い服の方が、黒より印象がよいです（写真Bのように）

写真A

写真B

まず、食べ物を撮影する際はなるべくギリギリまで近づけてアップで被写体を撮ってください。

さらに、無料のカメラアプリなどで、美味しそうな色合いで撮れるものもあるので、活用してみてください。

ポイント③　子供やペットの写真

子供やペットの写真は癒し系で、好感度が高いです。

目線や臨場感あるポーズなどに気を付けて撮ってください。

フラッシュは発光させずに撮ってくださ い。フラッシュをつけるとまぶしいので、いい写真が撮れません。

③コミュニケーションツールとして

食べ物はアップで撮るのが○
（写真Aのように）

写真A

写真B

フェイスブックはSNSの中でも特にコミュニケーションを重視したツールです。たとえば、メッセージのやり取り、コメントのやりとり、いいね、シェア、タグ付けなど、フェイスブック上のお友達とのやり取りが多いほど、お互いのタイムライン（ニュースフィールド）によく表示されるようになるのです。

自分のフェイスブックを見て、投稿がよく出てくる人と、あまり出てこない人がいると思ったことはないでしょうか？　実は、フェイスブックの投稿は、友だちやフォロワー全員に届いているわけではないのです。

前述したように、親密度がより高い人がより多く表示される、フェイスブック独特のルール（アルゴリズム）があります。

なので、フェイスブックはコミュニケーション好きな方が使うととてもいいツールとなります。

女性はコミュニケーションが得意な方が多いので、女性起業家には最適のツールかもしれませんね。

また、冒頭で述べたように、フェイスブックはSNS初心者の方には使いやすいツールです。ただし、フェイスブックだけを使っても効果はそれほど期待できません。ブログやメルマガ、LINE@などほかの媒体と組み合わせることで、高い効果が期待できます。

フェイスブックについては、ネット伝説ともいうべきウソがつきまとっています。

それは、フェイスブックでモノが売れる、というウソです。これにだまされないでください。

フェイスブックの具体例

6 フェイスブックで友だちを申請する時のポイント

❖友だちを増やす

フェイスブックは、「お友だち」をつくることから始まります。「お友だち申請」をして、同意してもらう。そうしてたくさんのお友だちをつくらないと、情報を発信しても読んでもらうことができません。

フェイスブックは基本的に、コミュニケーションしたい相手が選べて、したくない相手からの干渉も接触も受けることがないようになっています。閉鎖性の高いシステムです。そういうわけで、ビジネスとして情報を発信したい場合はまず、あなたのターゲットとお友だちになる必要があります（システムについての説明は省きます。知っている人には無意味ですし、知らない人にはイメージがつかみにくいと思いますので）。

フェイスブックで大事なことは、この「お友だち」をたくさんつくること、「いいね」ボタンをたくさん押してもらうこと。この2つです。

また、重要なのは、自分のビジネスのターゲットとお友だちになることです。

一日十人とお友だちになれば、一ヶ月で三〇〇人お友だちが増えます。だいたい一〇〇〇人ぐらいを目標に頑張ってみてください。

もし、あなたが店舗運営をしていて、地元に密着している場合は、当然地元住民の方を対象にお友だち申請してください。

また、私のように地域に縛られず女性起業家を対象にお仕事をしている場合は、全国の女性起業家の方を対象にお友だち申請します。

フェイスブックでは「グループ」という機能があり、同じ趣味や同じビジネスなど、共通の話題でコミュニケーションを深めることができるコミュニティーがあります。

たとえば、私の地元では「和歌山の自慢を共有しましょう」という、ローカルネタで盛り上がるグループがあります。

参加メンバーは約九六〇〇人（二〇一八年六月現在）で、和歌山県民でなくても和歌山の話題に興味のある方なら誰でも参加でき、グループの管理者に承認されれば、閲覧だけではなくて投稿することも可能です（グループには非公開グループと公開グループがあり、非公開グループは参加しないと投稿内容を見ることができません）。

こういうグループに参加しているメンバーにお友だち申請するとより地元の方とコミュニケーションが取りやすくなります。

またそのほかにも美容やファッションに興味のある人が集まるグループもあるので、美容系やファッション系のお仕事をされている方は、積極的に参加して、お友だちを増やしていってくださいね。

お友だちを申請するときに注意点があります。

一度に何十人も申請すると、フェイスブックのアカウントが停止されるなどのペナルティーがありますので注意してください。

一日多くても二〇人までにしておいた方が無難です。

ただし、これはあくまで目安なので、二〇人なら必ずペナルティーがないというものではありません。

そして、なるべく同じグループに参加しているとか、共通のお友だちがいるなど、何か一つでもつながりのある方を対象にお友だち申請してくださいね。

いきなり、何のつながりもない方に申請すると相手からも警戒されてしまいます。

お友だちを承認してもらったら、メッセージでお礼を伝えましょう。

そのとき、決して自分のビジネスや商品を売り込んだり、ご紹介してはいけません。

あくまで「いきなりの申請ですみません。お友だち承認していただきありがとうございます」と感謝の気持ちだけ伝えてください。

7 販売に直結するのはメルマガ

私のような情報系ビジネスの場合、高額サービスだったり、直接お会いして販売できなかったりと、販売条件がかなり不利です。

一〇〇〇円、二〇〇〇〇円の商品を対面で販売するのとは訳が違います。

まず、顔が見えないというだけで、信頼がありません。

そして、商品・サービスも情報という形のないノウハウとなるので、通販の化粧品のようにお試しで買ってくれるような手軽さがありません。

こういった場合は、販売方法に工夫が必要となってきます。

そこで、情報系ビジネスはメルマガが必須となるのです。

メルマガでは、ブログやフェイスブックよりもより深い信頼関係を築くことができます。

また、ブログやフェイスブックで直接販売しても売れません。

あなたは、ブログやフェイスブックを見ただけで、二〇万円以上の高額サービスを買った経験があるでしょうか？

おそらくない方の方が多いと思います。

Ｗｅｂマーケティングの世界では、メルマガ以外で商品・サービスは売れないというのは常識なんです。

ですが、ただ単に「これいいですよ、買ってください」と言っても当然売れません。

メルマガで効果的に商品を売るにはちょっとした仕掛けが必要です。

8　ステップメールで販売を自動化する

メルマガの中でもステップメールは商品やサービスを自動で売ることができる最強の販売ツールです。

ステップメールの仕組みについては第2章で詳しくお伝えしました。

通常のメルマガとは違い、あらかじめ作成しておいた複数のメールを、読者が登録した時を起点として1通目から順に（ステップを踏んで）スケジュールに沿って、自動で配信していくシステムでしたよね？

このステップメールをうまく利用すれば、あなたは自分の商品やサービスを無理に売り込むことなく、「勝手に商品が売れる」という仕組みを作ることができるのです。

では、いったいどうしたらそんな夢のような仕組みが作れるのでしょうか？

ステップメールでは、顧客心理をよく考え、数日間かけてお客様を教育していきます。

教育というと、あまり良い言葉ではありませんが、つまりは自分の商品やサービスの価値を伝えるということです。

ステップメールを使って価値を伝えていくには次のような段階を踏んでいく必要があります。

① 第一段階……共感と信頼を得る

第一段階として、まずあなたを信頼してもらわなければなりません。

そのために、自分のプロフィールを書く必要があります。

ブログやフェイスブックにもプロフィールは載せていると思いますが、もう一度お客様に自己紹介をするところから始めます。自分がどんな人間で、どういうことをしてきたか、だから今のビジネスをしている、など、現在に至るまでの経験を紹介します。

実績などはなるべく数値化して記載すると説得力が高まります。

【×な例　○な例】

施術歴が長いです ✕
施術歴二〇年 ○

たくさんの人をカウンセリングした ✕
延べ五〇〇人をカウンセリングした ○

経歴の中には成功した事もあれば失敗した事ももちろんあると思います。

プロフィールではこの「失敗談」をなるべく書くようにしてください。

そのほうが読者にとって共感を得やすく、感情移入しやすいのです。人というのは、失敗談を聞くと応援したくなるものです。過去にどれだけ悩んだか、どれだけ失敗したかを赤裸々に伝え、そんな過去があったからこそ、今の自分がいることを伝えます。こういうプロフィールでお客様の心をつかみます。

そして、このメルマガの趣旨、メリットを伝えます。

このメルマガを読んだら〇〇になります
このメルマガ通りに実践すれば〇〇が実現可能です

こんにちは、坂口です。

このメルマガでは・・・

週１のブログ更新だけで、毎月満席になる！

女性の幸せ　週１満席ライティング！

という手法をあなたにお伝えしていきます！

（中略）

週に１回ブログの記事を更新するだけで、
１日多い時では３０件
平均でも１日５～６件！

毎日コンスタントにメルマガリストを集めることができます＾＾

（中略）

通常は広告を出してメルマガリストを獲得する人も多いのですが私はアメブロを月１回更新するだけでメルマガリストを１か月で 100～200 リスト以上獲得できています。

現在は、広告も併用しながらリスト収集をしていますがコンサルタントとして活動してから約１年半は全く広告を使っていませんでした。

広告を出せば、１リスト 1500 円前後必要だと言われていますので１か月、100 リスト集めるなら 150,000 円は必要となります。

多くの人が、それだけ広告費をかけてもメルマガリストを取得しているんですね！

では・・・なぜメルマガリストがそんなに必要なのか？

ブログや Facebook では、どうしてダメなのか？

それには、大きくわけて２つの理由があります！

１、　圧倒的に販売しやすい！
→　これは論より証拠。
　このデータを見てもらうとわかるかも↓
http://wired.jp/2013/07/05/email-crushing-twitter-facebook/

２、　自動化が可能！
以上の２つです。

メルマガは、自動配信機能があります。

「ステップメール」って言葉を聞いたことがあるかもしれませんが・・・

それを使うことで、勝手に、お客様に自動的にメールを配信してくれて、勝手に、教育してくれて、勝手に、申し込みが入る。

そんな仕組みを作ることができるんです。

もちろん、それには、１つ１つ巧妙な仕掛けが必要ですよ＾＾

など、あなたのターゲット（読者）がワクワクするようなメリットを伝えてください。

売り込みだけのメルマガでは、誰も読んでくれません。

自分を信頼してもらい、共感してもらうには、まずお客様にとって有益な情報を伝えていきましょう。

ビジネスは相手に与えた分以上、自分に返ってくると言われています。

ここでは出し惜しみせずにどんどんあなたの持っているノウハウを伝えていきましょう。

②　第二段階……顧客教育（価値教育）

ステップメールはあらかじめ配信スケジュールを設定できますので、始めに、何日間のメール配信をするのか決めておきましょう。

約五日間から十日間ぐらいかけて配信するのが一般的です。

この日数が多いほど教育期間が長くなりますから、じっくり自分の商品やサービスの価値を伝えることができ、高額商品・サービスの販売に向いています。

ただし、講読途中で読者に飽きられないようなライティングテクニックが必要となりますから、初心者起業家はまず五日間から七日間のメルマガ作成にトライしてみてください。

具体的な内容としては、

なぜこの商品やサービスが必要なのか
この商品やサービスを買うことによって得られるメリット

これらをお客様の声などを元に、

この商品を買った人は実際こんなに幸せになっています

と伝えいきます。


また高額商品・サービスの場合はお金の教育も忘れずに行ってください。

高額商品というのはいわば投資です。

お金は消費するためだけに使うのではなく、投資するために使う。だからこの商品・サービスを買い、活用する事によって支払った分以上の利益を得ることができる、ということを伝える必要があります。

これから先の○○さんの行動次第で、このメルマガに登録してくれた見込み客がお客様になってくれるのか・・・
それとも、あなたから離れていくのか・・・
が決まってしまうんです。
だからしっかり今日のテーマも学んでくださいね！
（中略）
私はほとんど対面での販売をしていません。
全国各地にコンサル生さんがいますが私も普段は和歌山を拠点に仕事をしているため、コンサル生さんとのセッションはZOOMやスカイプが中心です。
ご契約いただくときもほとんどの方はZOOMやスカイプでご説明し、ご契約いただいております。
「対面じゃないと成約は難しいでしょ？」
とよく同業者に聞かれますが、私の場合はもう既にセールスを行う前に見込み客との信頼関係を築いていますので、その成約率の高さに驚かれます。
（中略）
私のクライアントさんには、このメルマガでの信頼関係構築の具体的な方法をお伝えしていますが実際のセールストークでも、心理学を用いたセールスマニュアルをテンプレートとしてお渡ししています＾＾
ラポール　＋　セールスマニュアル
があれば、対面でなくても
クロージング率は異常に高くなります。
私のクライアントさん達は、ご契約率が70%を超える方が多数いますね＾＾
だから、私のクライアントさん達は「ビジネスが楽しくて仕方がない」って言っています＾＾
だって、お客様から「欲しいです」という状態でビジネスができるのですから、楽しくて当然だと思いませんか？
そんなクライアントさん達の姿を見るのが私の最近の幸せなんです（ ＾∀＾ ）
ガツガツした売込みも、必死で何回も更新しているブログやメルマガの告知文ももう一切必要ありません。
もっともっと華麗に優雅にセールスしましょう♪
そしてお客様にも感謝され、喜ばれる・・・そんな女性起業家を目指しましょうね！

③第三段階……セールス

いよいよ最終段階です。

①、②とうまく進めていけば、もうここで、あなたの商品を買いたくてたまらないというようなお客様も出てきます。

そう販売前に商品が売れるのです。

スゴイですよね！

メルマガ購読者があなたのファンなるんだ、という気持ちが大切です。

ファンというと大げさですが、あなたの事を信頼し、あなたの言っている事を頼りにする人がいれば、商品を紹介しただけで相手は、あまり迷うことなく、ライバルの商品などと比べることもなくあなたの商品を購入してくれるのです。

売り込みをしなくても、

「この商品いいですよ」

というだけで本当に売れます!!

そして、買った方も「いい買い物ができた」と喜んでもらえるのです。

私や私のクライアントさんがどのようにして、集客をし、実際の契約まで結び付けているのか、ほんの１部ではありますがこの無料講座ではご紹介させていただきました。

なんとなくイメージできましたでしょうか？

（中略）

過去に、私がエステ事業を立ち上げたとき、がんばったのに全く結果が出なかった・・・

エステ経営なのに、お肌も体もボロボロの毎日。

あの苦しみと惨めさはクライアントさんには絶対に経験してほしくない。

そう思って私の継続コンサルでは、常にクライアントさんと寄り添って、成功への道を最短で進むためのプランを提供しています。

（中略）

私の継続コンサルは「この内容で、この値段って…安すぎるよ」と…たくさんの同業者の先生方に指摘されます。

他の先生達は個別コンサルを３ヶ月60万とか半年で120万ぐらいで提供している方も多数いらっしゃいますからね。しかし、私のクライアントさんはコンサル終了後も満足されて、次のステップに進まれるリピート契約の方が多いためあまりにも高額なプランよりはずっと長く関わっていく関係を作る方がベストだと思っています。

このように継続コンサルについては大変お得で私も自信を持ってご案内できるプランとなっております！

ですが、毎月人数を制限させていただいているので、体験コンサルやセミナーを受けていただいた方のみ私がお手伝いできそうな方に絞ってご案内させていただいております。


そこで今回は、本当に特別に『体験相談会』をご案内したいと思っています。

この無料講座登録記念として特別枠を設けさせていただきました。

（※ただし、対面ではなくスカイプまたはZOOMでのオンラインのみとなります。）

『週１満席ライティング』メソッドでピンポイントな改善点を探し、最短ルートで売上アップを目指す・・・【体験相談会】となります。

本日より４日間限定で、 通常６万円のところを・・・

3,240円（税込）で受けていただくことができます＾＾

もし興味があれば、こちらをクリックしてください↓
https://peraichi.com/landing_pages/view/zs3ab
今後も不定期になりますが○○さんのお役に立てる情報を発信していきますね
楽しみに待っていてくださいネ！
最後まで読んでいただきありがとうございました！

このように、ステップメールはお客様をファン化することによって、商品が勝手に売れていく仕組みを作ることができる最強のツールなんです！

9 店舗系ビジネスでの新規集客にメルマガは不要

情報系ビジネスではメルマガ…特にステップメールは必須ですが店舗系ではメルマガは新規集客には向きません。

ステップメールを何通も読んでから来店しようとするお客様は少ないです。

それよりも初回割引などのお試し商品を用意し、いかに来店を促すかに注力したほうがいいです。

また店舗系ビジネスは新規集客に時間とコストをかけるよりも、まずはリピート対策をしっかりとしておくことです。

どれだけ新規を獲得できてもリピートになってくれなければ、意味がありません。

特に、エステ、整体、マッサージ店舗などは、リピートしていただくために、カウンセリングが重要になります。

しっかりとお客様のお悩みと向き合い、お客様のゴールがどこなのか？　を見極めてからサービスを提供します。

ポイントは聞く力です。

いかにお客様からお悩みを聞きだすことができるか、です。

リピートが取れない人の多くは、商品やサービスの説明の時間が長く一方的に話している人です。

逆にリピートが取れる人はお客様の方が話す割合が多く、自分は聞く側に回る人です。

一度ご自分のカウンセリングを見直してみてくださいね！

第5章

六ヶ月で月三〇万円以上稼ぐまでに成長した三人の「女性個人起業家」

ここでは、成功している女性起業家の事例を紹介します。一つは店舗系、その他は情報系です。いずれも、私に相談を持ちかけてこられた方です。三人とも私が提案した戦略を理解され、根気強く一つひとつ手順を踏んで、ビジネスを安定させていきました。

それはどんな手順なのか、なぜそれをする必要があるのか、どのようにするのか、などの説明も添えながら、三人の取組みを紹介していきます。これから起業しようとしているみなさんの参考になるように、店舗系と情報系、それぞれの集客マニュアルとしても使えるようにまとめましたので、これを使ってご自分のビジネスをシミュレーションしてみてください。

1　一人エステサロンの園田さんのケース

❖プロフィール

◆お名前…………園田あゆみさん

◆年　齢……四三歳
◆性　別……女性
◆家族構成……二一歳と一九歳の姉妹を持つ母子家庭
◆業　種……店舗系・エステサロン（特に痩身）
◆店　舗……看板のない自宅サロン
◆メニュー……ボディー&フェイシャル
◆資　格……超音波マッサージ（フェイシャル&ボディ）研修終了証取得
◆略　歴……化粧品等の販売員四年、エステ店勤務四年、自宅サロン開業二年半

約一〇年前、あゆみさんは、化粧品の販売をしながら、その販売以外にも超音波（美容機器）でお肌や身体のケアも行っていました。お客様からも評判がよく、「サロンを開業してほしい」という要望をたくさんいただいていたようで、二〇一六年五月念願の自宅サロンをオープンされました。

❖ コンサルタントへの依頼

念願のサロンをオープンし、そのオープンを待ち望んでいた既存のお客様もご来店し、サロンは順調にスタートしたかに見えましたが、これまで経営の経験がなく、新規集客には大変苦戦されていました。

既存のお客様だけでは売上は月一〇万前後。あゆみさんは他にアルバイトをしながら生計を立てて、お子さん二人のためにも必至に働いていましたが、サロンのお客様は増えず、オープンから二年経って、私のところにご相談に来られました。

❖ コンサルタントの所見

あゆみさんは努力家でほぼ毎日約二年間ブログを更新していました。それでもブログからのご来店はゼロ。チラシなども配った事があるそうですが、ほとんど反応がなかったそうです。有料の広告媒体に掲載したこともありましたが、効果はほぼなかったとの事。

ご自分で出来ることは全て努力して、試した結果、お客様が増えませんでした。

でも、私が分析すると、集客がうまくいかない原因は明らかでした。

あゆみさんは新規のお客様こそいませんでしたが、既存のお客様は長くリピートされずっと定期的にサロンに通われていました。

この点に注目し、戦略を立て次に①～⑦の手順で集客に取り込むことを提案しました。

①　ターゲットの絞り込み
②　ブログヘッダー作成とカスタマイズ
③　エステサロンの集客に効果的な記事の書き方をレクチャー
④　手作りチラシで宣伝を行う
⑤　グーグルマイビジネスの更新
⑥　顧客単価アップ
⑦　リピート獲得を同時展開

①　ターゲットの絞り込み

〈ターゲットを絞る意味〉

もともとあゆみさんのサロンは、ボディとフェイシャルのメニューがあり、ほとんどのお客様はボディで通われていました。

お客様の多くは、リラクゼーション目的だったり、肩こりや頭痛など身体の不調のある方々でした。

しかし、当初の目的以外にも、うれしい効果が得られたと続々とお客様からご感想をいただいたそうです。

そのうれしい効果とは……ズバリ「ダイエット効果」です。

あゆみさんのサロンに通われる方は、ほぼ全員「ウエストや足が細くなった」、「サイズダウンした」、「体重が落ちた」といわれ、ただサロンに来て、マッサージを受けただけ……食事制限も一切なし。

それなのに、自然とサイズダウン。

このお話しを聞いて「すごい！」と思った私は、ターゲットは「痩せたい女性」に絞ることをお勧めしました。

しかし、ただ痩せたい女性に絞るだけでは、痩身系のエステなど……他のライバル店と同じになってしまいます。

あゆみさんのサロンの特徴は、無理せず、超音波マッサージを受けて、気持ちよく自然にサイズダウンできることです。

女性の永遠のテーマである「ダイエット」そこに焦点をあて、プラス他店との差別化を図るために、「楽して、簡単に、健康的に痩せる」そんなテーマで集客していくことにしました。

〈ターゲットを絞る際の注意点〉

新規集客の際、ターゲットは絞り込むほどインパクトが強くなります。しかし、だからといって、それ以外のメニューを扱ってはいけないわけではありません。

あゆみさんの場合は、従来のメニューもこれまでどおり提供することにしました。こうしたメニューの提案は新規のお客様が来店した際に、対面で行うことにしました。

〈ターゲットを呼ぶ方法〉

"効果のわかりやすさ"がポイントです。たった一回の施術でウエストがくびれた、背中のお肉がスッキリした、と文字で示されても、具体的にどの程度効果があるのかイメージできず、ピンときません。

でも、お客様のサイズダウンしたビフォー&アフターの写真は、効果のすごさがハッキリとわかります。得意分野を言葉で説明するよりも、写真で効果をわかりやすくアピールほうが、お客様の関心を引きます。

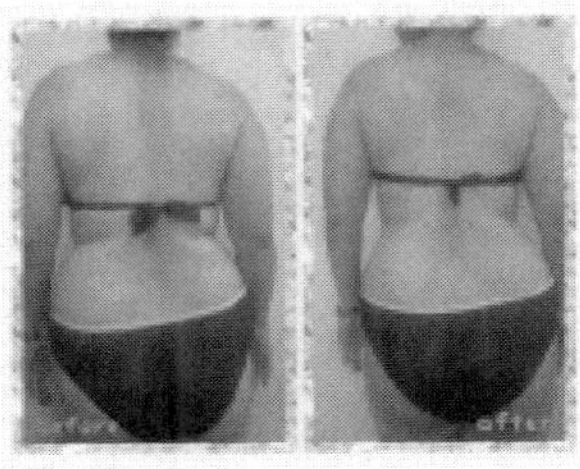

〈期待した効果〉

ブログのヘッダーに、ビフォー&アフターの写真を載せることで、見た人はすぐに身体がサイズダウンしているとわかり、「これだけ変わるんだ!」と、興味を掻き立てることができるので、ブログを訪れる人が増えると考えました。

さらに、見た人に安心感を与えるために、あゆみさんの顔が見える施術中の写真も一緒に載せました。

これだけで早急に結果がでるわけではないのですが、あゆみさんが戦略的に取り組んだ結果、ねらいは的中しました。

② ブログヘッダー作成とカスタマイズ

〈ブログ再構築〉

今まで集客ツールとしてブログを使用していましたが、一件もお問合せすらない……という状態でしたので、現在使用しているブログを再構築しました。

あゆみさんのブログは、登録したときのままの初期設定で使用されていて、お店のブランディングができていなかったのです。

まず、ブログヘッダーを作成し、お店の雰囲気に合わせてブログをカスタマイズし、記事の書き方などを再度見直しました。

〈ブログ作成の注意点〉

◆ヘッダー

看板となる重要な箇所です。必須情報である、店舗名・予約の電話番号・地域名・ターゲット・ターゲットのメリットを明記し、前述したとおり、あゆみさんの顔がわかるように写した施術中の写真、ビフォー&アフターの写真を載せました。

◆タイトル

検索エンジンに影響する情報であるため、アクセスアップできるかどうか重要な箇所です。必須情報はヘッダーと同じですが、長すぎでも検索に弱くなると言われていますので、タイトルの文字数は三二文字前後に抑えました。

【カスタマイズ前】

【カスタマイズ後】

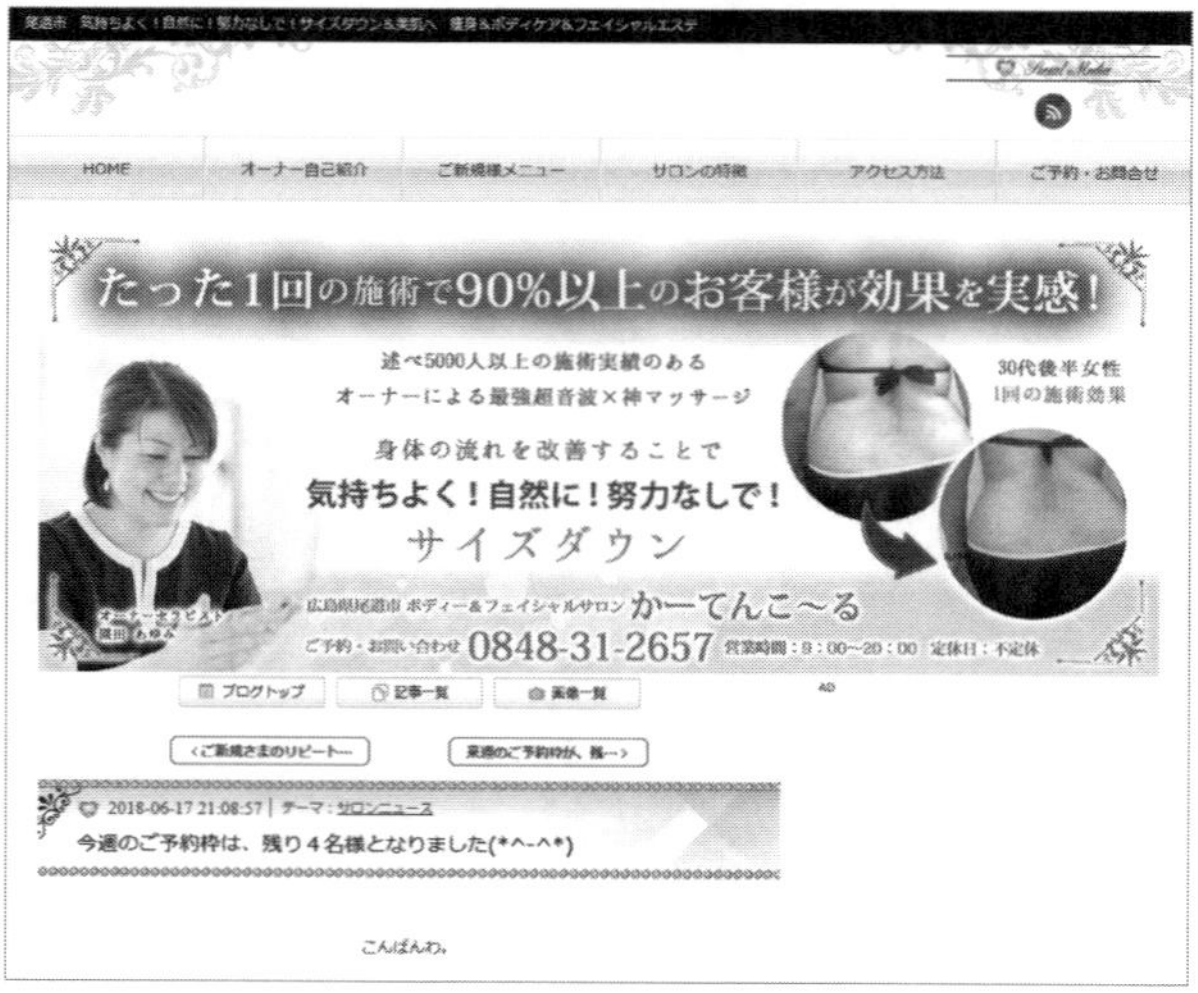

③ エステサロンの集客に効果的な記事の書き方をレクチャー

〈集客に最低必要な記事を五つほど用意しておく〉

あゆみさんは、ブログを二年間書き続けていましたが、サロン集客に必要な記事の整備ができていなかったので、以下の五つの項目に関する記事を新たに用意しました。項目に関してもう既に書かれていた記事もありましたが、それについては内容をさらにブラッシュアップして、変更してもらいました。

① プロフィール
② メニュー
③ アクセス方法……地図や住所を載せます。
④ お問い合わせ先…Eメールや電話番号を載せます。
⑤ お客様の声

〈プロフィールについて〉

お客様に伝えたい略歴や実績のほか、メニュー（商品）への想い、開業した理由、過去の失敗とその克服など、今の自分を魅せる内容にします。長くてもいいので、丁寧につくりあげていきます。また、オーナーの顔写真を載せれば、読者の信用性も高まり、親近感も湧きます。

あゆみさんの場合、自宅でエステを開いてからの喜びや、そのサロンでどのような事を実現し、お客様をどのように幸せにしたいのか……その思いをプロフィールで伝えました。


〈メニューについて〉

ターゲットのお客様が欲しくなるようなメニューを三〜四つほど紹介します。多いとインパクトが薄いうえに選びづらいからです。継続して通ってもらうようなコースメニューなどは来店時に対面で提案します。

仮に、「小顔矯正」「リフトアップ」「美白」の三つを載せる場合、それぞれのメニューがどんな悩みを持つ方におすすめなのかも添えます。または、メニューのネーミングを工夫します。


（例）小顔やお顔の歪みにお悩みの方はこちら　⇓　「痛くない！ソフト小顔矯正コース」

（例）シミ・しわを改善したい方は「はり・ツヤアップ！アンチエイジングコース」

（例）シミ・ソバカスにお悩みの方はこちら　⇓　「透明感アップ！美白コース」

【あゆみさんの場合　メニューページ】

～ ご新規様 MENU ご紹介 ～

☆うるツヤ美肌フェイシャルケア　６０分☆

通常フェイシャルをお試し価格で♪
シミ・シワ・たるみはもちろん、うるツヤ肌や毛穴ケアまで。全てが叶う美肌フェイシャル☆
背中の肩甲骨からデコルテも全てケアいたします。

（内容）洗顔をしてエッセンスローションを塗った上に、栄養成分たっぷりのジェルを塗ります。
超音波ケア（肩、首筋、肩甲骨、デコルテを念入りに）＋ハンドマッサージ。
最後にふき取りをして仕上げ。

（所要時間）約120分（カウンセリング、お着換え、最後のティータイム込み）

（料金）通常８４００円→６７２０円

※当店のフェイスケアを始めてご利用の方。

☆なりたい身体へ　ボディケア　６０分☆
サイズダウン、身体メンテナンス、リラクゼーション、なりたいあなたに近づけるお手伝い。
ご希望に沿って、ご提案もさせていただきます♪

（内容）肩・背中・お腹・足（前面or後面）の中から、ご希望の個所がありましたら、言ってください。
わからない場合は、その日のあなたに合わせて、ご提案させていただきます。
超音波１台ケア＋ハンドマッサージ。最後にふき取りで仕上げ。

（所要時間）約１２０分（カウンセリング、お着換え、最後のティータイム込み）

（料金）通常９０００円→７２００円

※その日の体調を、ぜひ、教えてください。

☆ご新規様人気NO.１　ボディケア　９０分☆
ご新規様お試しメニュー人気NO.１♪

プロフィール

看板のない隠れ家超音波サロン かーてんこ～る
プロフィール｜ピグの部屋
ペタ

性別：女性
お住まいの地域：広島県
自己紹介：はじめまして。ご訪問ありがとうございます。
ボディ＆フェイシャル 看板のない隠れ家超音波サロン…
続きを見る

ランキング
全体ブログランキング　322,322位↓
美容・エステサロンジャンル　4,509位↓

＋フォロー　アメンバーになる
メッセージを送る

テーマ
▶ ブログ（582）
▶ ごあいさつ（３）
▶ 超音波サロンとは（１）
▶ 超音波効果（５）
▶ 新規メニュー（１）
▶ 通常メニュー（１）
▶ 予約、問い合わせ（１）
▶ 理想の体型（４）
▶ 紫外線予防（３）

〈お客様の声について〉

多ければ多いほどいいです。一つの声を一つの記事にまとめます。キーボードに打ち込むだけでなく、写真をブログに載せるのも効果的です。たとえば、ビフォー&アフターの写真は是非載せたいです。ビフォーアフターだけではなく、お客様と一緒に写っている写真など、実際にお客様がたくさん来ているお店なんだなと印象付けができますよね（必ず掲載する際はお客様に了承を得てからにしましょう）。

また、お客様の声を直筆でいただいた用紙を写真に撮ってブログに載せるのも効果的です。そのようにして、お客様が、喜んでくれていることをアピールします。そうすると、いろんな方が来ているんだなと安心感を与え、ほかのお客様もご来店しやすくなります。

初めてビジネスをする場合は、お客様の声がありません。その場合は、無料でもいいので、家族や友人などにお客様になってもらったり、無料モニターを募集したりして、お客様の声を書いてもらいます。

必ず、ビフォー&アフターなどの写真も撮ってくださいね。

〈写真の掲載について〉

写真を載せる際は、お客様の同意が必要です。まずは、ビフォー&アフターの写真を載せてもいいか確認します。断られた場合は、お客様が同意できる写真はないかきいてみます。たとえば、お客様と一緒に映っている写真、それがダメなら、顔を隠すなどの提案をしてみます。

お客様が来ていることがわかる写真があると、ほかのお客様も安心して来店しやすくなるので、できれば載せたいところです。ただし、無理強いは、してはいけません。

〈記事の更新頻度について〉

ブログの記事はできるだけ早く一〇〇記事以上にしたほうがいいです。一〇〇記事も書くのは簡単ではありませんよね。それでも、目標を達成するためにあきらめずに書き続けます。初めてブログを開設した場合、最低でも三ヶ月間は、短い記事でも、毎日書けるように頑張りましょう。

あゆみさんの場合は、二年間ブログを書き続けていたので、記事数はすでに一〇〇を超えており、問題ありませんでした。なので、これからは、記事の数ではなくて、質を高めていく必要があります。

お客様の声やサロンへの思い、そしてご自分の施術がどう他店と違うのか？
なぜ、そのサロンに通う必要があるのか？
そのことを念頭に入れて週に一回～二回程度更新していただくよう伝えました。

ブログ画像】

私は、
"とにかく、頑張って通ってください！！"
それだけお願いしました.

それで、頑張って通ってくださった結果です(*^-^*)

私も、本当に嬉しいです(*^-^*)

頑張って通ってくださったからこその結果です。

しかし、それ以外は、何もなく、ただ来ていただいただけ。

食事を我慢していただいたわけでもなく
運動をしていただいたわけでもないんです。

ご来店いただいて施術中も
いっつも、寝ていらっしゃいます(笑)

お客様は、
"私は、何にもしてないけど、痩せたねって言われるようになった"
とおっしゃっておられました。

いえいえ、来ていただくことを頑張ってくださったからです(*^-^*)

痩身、ダイエット、サイズダウン・・・
難しいって思っていませんか？

その難しいことを、簡単に現実になるなんて
思えませんよね。

痛くなく、気持ちよく寝ている間に、変われる実感
をもっともっとたくさんの方に知っていただきたいです。

それができるのが、当店の超音波ケアなんです。

このように、感じてくださっている方が、多々いらっしゃいます。

【お客様の声

今日は、お客様のご了承をいただきましたので、
結果を出されたお客様をお一人ご紹介させていただきます。

まずは、このお客様が１か月半の間
通ってくださった結果がこちらです

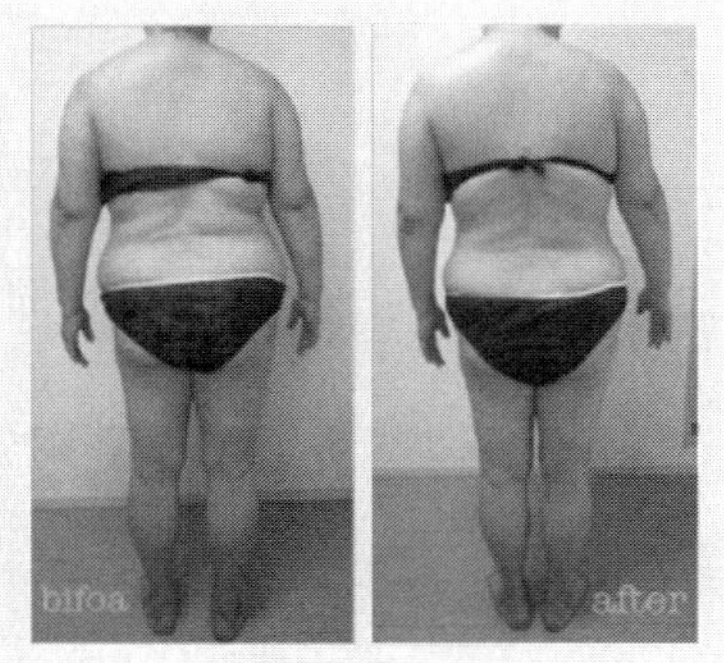

いかがですか？

全身ケアをさせていただいておりますが、
上から下までのサイズが全て小さくなっているのは
わかっていただけると思います(*^-^*)

腰の上のお肉は硬くなっていましたが
柔らかく変化して、小さくなっています。

太もももセルライトがいっぱいで、
ぼこぼこ状態がスッキリ奇麗になっています。

おしりも小さく位置まで上がっています(*^-^*)

このお客様は、始めに当店にいらっしゃったとき
"マジでそろそろなんとかしないといけない！！"
ってご相談に来られました。

お話をお伺いすると、
"そんなにたくさん食べているわけでもない・・・"
"どうしたらいいか、わからん"
そんな状態でした。

④ 手作りチラシで宣伝を行う

〈コストをかけず手作り感を〉

チラシは、専門の業者に依頼してしっかり作っても、もちろん良いのですが、コストをなるべくかけたくない場合は、自分でデザインし、印刷だけを業者に依頼するとコストがかなり削減できます。

特にＷｅｂで検索すれば、格安の業者もたくさんあり、フルカラーで一〇〇〇部印刷しても五〇〇〇円前後の予算で大丈夫です。

女性をターゲットとしている場合は、温かみのある「手作りチラシ」が効果的です。イラストを描くのが苦手な方はフリー素材をＷｅｂで検索して印刷したものを切り抜いたり、写真を切り取って貼り付けて印刷してもＯＫですよ。

〈具体的な活動―チラシの作成・配布〉

私のクライアントさんには、反応が取れやすいチラシテンプレートをご用意しているので、それに沿ってあゆみさんはチラシを作り、自分でポストに投函して回りました。チラシにはそんなにたくさんの情報を掲載できないので、ブログのＵＲＬやＱＲコードをつけ、Ｗｅｂ上で詳しく読んでもらうようにしました。ポスティングしたり、イベントに参加したときに配布しただけで、一〇名近くの新規ご来店があり、すぐに効果が認められました。

〈チラシ作成の注意点〉

自作のチラシでよく目にするのが、メニューだけを載せたパンフレットのようなチラシです。それでは、見た人は興味が湧きません。ここでもやはり、ブログと同じよ

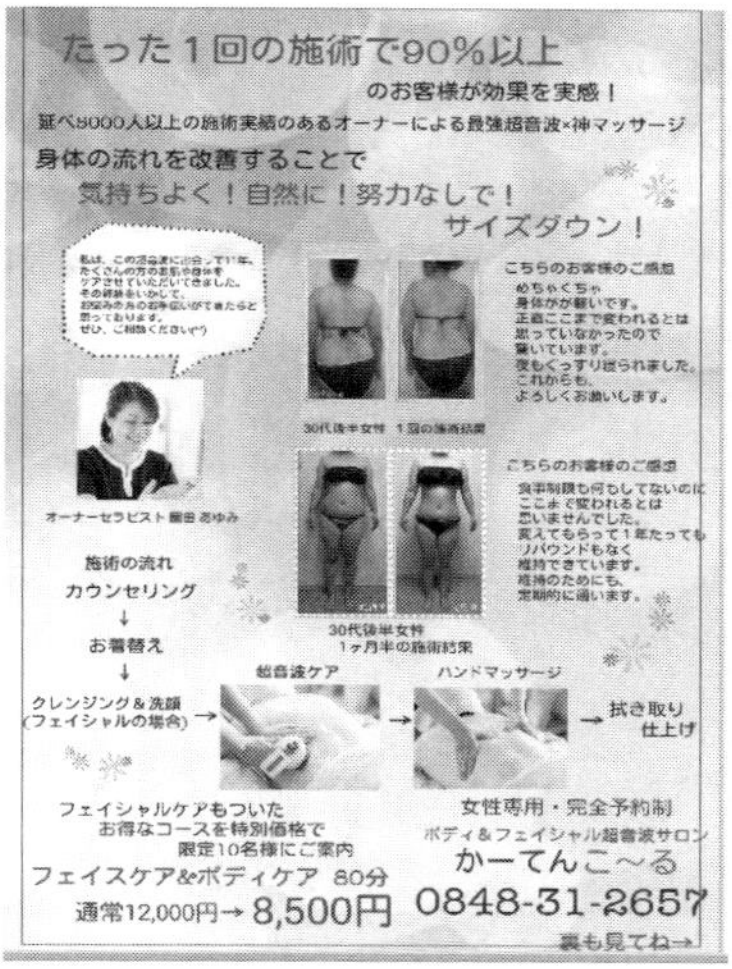
たった１回の施術で90%以上
のお客様が効果を実感！
延べ8000人以上の施術実績のあるオーナーによる最強超音波×神マッサージ
身体の流れを改善することで
気持ちよく！自然に！努力なしで！
サイズダウン！
こちらのお客様のご感想
めちゃくちゃ
身体がが軽いです。
正直ここまで変われるとは
思っていなかったので
驚いています。
夜もぐっすり眠られました。
これからも、
よろしくお願いします。
30代後半女性 1回の施術結果
こちらのお客様のご感想
食事制限も何もしてないのに
ここまで変われるとは
思いませんでした。
変えてもらって１年たっても
リバウンドもなく
維持できています。
維持のためにも、
定期的に通います。
30代後半女性
1ヶ月半の施術結果
施術の流れ
カウンセリング
↓
お着替え
↓
クレンジング＆洗顔
(フェイシャルの場合)
→
超音波ケア
→
ハンドマッサージ
→ 拭き取り
仕上げ
フェイシャルケアもついた
お得なコースを特別価格で
限定10名様にご案内
フェイスケア&ボディケア 80分
通常12,000円→ 8,500円
女性専用・完全予約制
ボディ＆フェイシャル超音波サロン
かーてんこ～る
0848-31-2657
裏も見てね→

体重なんて気にならない！
目指せウエストー５cm！！
薄着になるこの季節、こんなお悩みはないですか？
※二の腕が気になる
※去年のパンツが入らない
※膝上スカートが履けない
※Tシャツを着ると背中のぜい肉が盛り上がって見える
※ダイエットしているのに痩せない
※健康的にきれいに痩せたい
かーてんこ～るのフェイシャル&ボディケアは、
超音波とマッサージで
身体の流れを本来の健康な状態に整えるので
お客様はマッサージを受けているだけで
90%の方が食事制限なしで健康的に自然にサイズダウンされ
艶肌＆リフトアップを実感されています！
そして今回フェイシャルケアもついた
お得なコースを特別価格で限定10名様にご案内
フェイシャルケア＆ボディケア 80分
通常12,000円→ 8,500円
ご予約はお急ぎくださいね！
かーてんこ～るのスペシャルケアで
お顔は艶肌＆リフトアップ♪
身体もサイズダウンして10歳若返りを目指しましょう！！
東尾道駅から徒歩５分
ハローズ東尾道店すぐ側
住所：尾道市高須町4803-10
ガーデンハウスヴィオラB303
ボディ＆フェイシャル超音波サロン
かーてんこ～る
TEL：0848-31-2657
女性専用・完全予約制
ブログ QR
営業時間：9時～20時
定休日：不定休
←表も見てね(^^)

うに、オーナーの顔写真とプロフィール、ビフォー&アフターの写真、お客様の声が効果的です。

あゆみさんの場合はサロン経営ですが、サロンでなくてもお客様の声とプロフィールは絶対に必要です。どんな人がやっているかがわからないと、信頼が得られません。誰のためのお店か、利用者はどう喜んでいるのか、誰がやっているのかを伝え、興味と信頼を得るように努めます。

ターゲットを絞るのも大事です。みんなに来てもらいたいと思っていろいろ書くと、結局、だれも興味を持ってくれません。

また、魅力的で目を引くキャッチコピーを考えることで、反応率が断然変わります。

⑤ グーグルマイビジネスの更新

〈店舗ビジネスには必須のグーグルマイビジネス〉

https://www.google.com/intl/ja_jp/business/

お客様は行きたいお店を探すとき、Ｗｅｂ上で検索し、お店の情報などを調べることが多いですよね。

特にＧｏｏｇｌｅ マップを利用するユーザーはここ数年かなり増えています。グーグルマイビジネスに登録すると自分の店舗をＧｏｏｇｌｅ マップに表示することができます。無料で登録できるので、店舗ビジネスの方には必ず登録していただきたいですね。

登録方法などはこちらでは割愛させていただきます。

ちなみに、あゆみさんのサロンはこのように表示されます。

【Googleの検索画面で、「尾道　痩身」という言葉を入力するとGoogleマップにあゆみさんのサロンが表示されます】

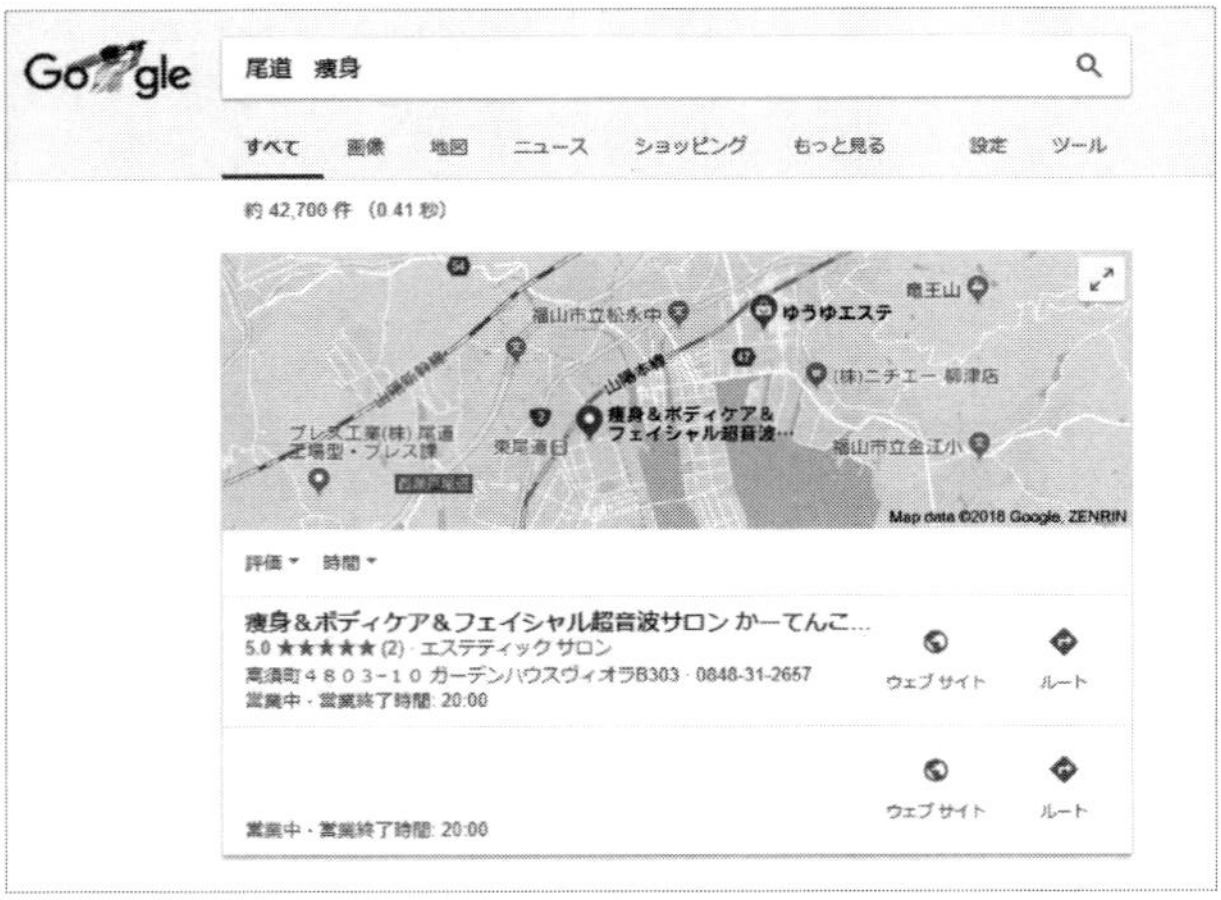

【さらにクリックすると】

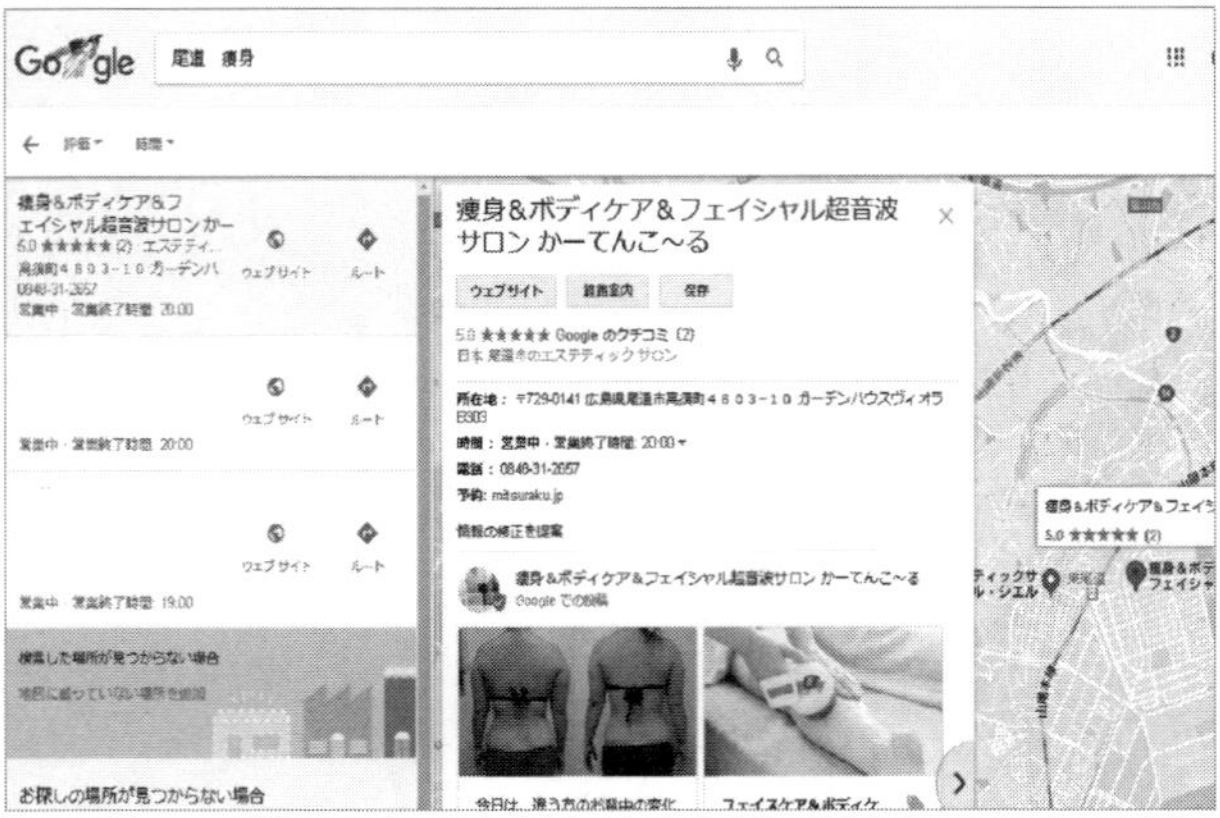

このように登録すると、ご自分の商圏で、ターゲットに無料でアピールすることができるのです。

あゆみさんの場合は、広島県尾道市にサロンがあるので尾道で痩身サロンを探しているお客様がグーグルで検索すると、比較的上位に表示され、お問合せも増える可能性が高くなるのです。

⑥ 顧客単価アップ

〈クロスセル〉

マーケティング用語でクロスセルという言葉があります。

意味は既存のお客様に「他の商品などを併せて購入してもらうこと」です。

新規集客だけに力を入れるのではなく、既存のお客様にも他の商品やメニューをご提案できないか考えます。

〈注意点〉

既存のお客様はとても大切です。お客様のことを一番に考えた場合、無理やり、商品をご提案したり、必要のない商品をご紹介することは厳禁です。

あゆみさんのサロンのお客様はほとんどがボディケアのお客様でしたので、ボディ以外にもフェイシャルに興味のある方、またはお肌にお悩みのある方を対象にお声かけをしてもらいました。

お客様は、身体が楽になって痩せたら、今度はもっともっと綺麗になりたくて、他の商品やメニューにも興味が出てきます。

本当に効果があり、必要なものであれば、どんどん商品やメニューご紹介したほうがお客様のためになります。

お客様を一番に考え、必要なものは何か？

それを理解すれば、クロスセルはスムーズにいきます。

あゆみさんもこのご提案でボディにプラスしてフェイシャルも一緒に受けてくれる方が増え、またホームケアとしてお家で使える化粧品なども一緒に購入してくれるお客様が増えました。

あゆみさんのサロンではますます綺麗なお客様が増えていきますよね！

⑦　リピート獲得を同時展開

〈新規獲得よりリピート獲得を〉

一般的に、新規獲得は非常に難しく、大手企業などを見てもわかる通り、ＣＭや雑誌広告など、かなりお金をかけていますよね。個人ではなおさら難しく、新規獲得はすぐに結果がでるものではないので、地道にこつこつ進めていくことが大事です。しかし、悠長に結果を待っているわけにもいきません。そこで、リピート獲得を同時展開しました。あゆみさんのケースでは、実質的には、リピート獲得対策を先行して行いました。

店舗系はリピート獲得が命です。

〈具体的な活動―再来店を促す〉

ＬＩＮＥ＠を使うとともに、回数券やコースメニューなどを再構築しました。

❖ＬＩＮＥ＠の登録

来店したお客様には、ＬＩＮＥ＠に登録してもらい、こちらから情報を常に発信できる状態にしておきます。たとえば、キャンペーンがあったらそれをお知らせするとか、ご来店ありがとうございます、というＬＩＮＥ＠を送ったり、また、キャンペーンなどの宣伝的な内容だけではなく、普段のホームケアのマメ知識や最新の美容情報、話題の健康情報などお客様の役立つ情報なども不定期で配信し、お客様との信頼関係を構築していきました。

❖ 割引回数券

あゆみさんのサロンでは、回数券は既に導入されていましたが、三回券しかなかったため、五回券など、お客様がよりお得に通えるような回数券をつくりました。

例えば、回数券の作り方として、ボディケア五回のコースをその都度、窓口でお支払いしてもらうよりも、回数券五回分を購入すれば、四回分の価格で施術を受けることができる……というような割引の料金設定です。お客様にはお得感が、あゆみさんのサロンは先にお金をもらえるというメリットがあります。

〈割引回数券などの注意点〉

割引回数券などの情報はブログなどに載せず、来店時に情報を提供します。新規獲得のための初回割引はブログなどで告知したほうがいいのですが、回数券の価格などリピート獲得対策の情報提供は対面でしたほうが効果的です。

ブログで提供したほうがいい情報（初回お試し価格）、対面で提供したほうがいい情報（割引回数券）を区別してください。ブログでいきなり回数券のお得情報を見せられても、興味は湧きません。回数券などは、お客様が一回試したうえでよかったら、これだったら買いたいと思ってもらえるものです。

⑧　結果と考察

〈結　果〉

あゆみさんが私の提案を実行した結果、月一〇万円前後だった売上がたった三ヶ月で月四〇万円を超えるようになりました。現在も売上を伸ばし続けています。

〈考　察〉

あゆみさんは、夢を追って上京したお子さん達の支援をしたいと思い、サロンを開業したそうです。しかし、経営の経験もなく、なかなかうまくいかない日が続いていたときに私のコンサルをお申込みしてくれました。

私と同じ、シングルマザーで、そんな境遇にも共感してくれたのか……たくさんのコンサルタントの中から、検討し、最終的に私のところで頑張ると決めていただきました。

あゆみさんは、私がお伝えしたことを素直に即、実践し、かなり早いスピートで、どんどん売上をあげていきました。

元々、実力があり、技術のある方なので、当然の結果なのですが、集客の方法はお住まいの地域やサロンの規模、取り扱うメニューなどによっても少しずつ違ってきます。

一般的に良いとされる集客方法を一人で頑張ったとしても結果が出ないこともあるのです。

あゆみさんはパソコンが苦手でしたので、ブログやチラシ作成も苦戦しながら一生懸命行っていました。決してパソコンの高度な知識が必要なわけではなく、自分で出来る範囲のことを頑張った結果です。

これからは、サロン経営の他にもスクールの運営なども考えているそうです。ますます夢が膨らみますね。

家族の夢もご自分の夢も叶え、これからもずっと幸せで素敵な女性サロンオーナーになっていただきたいです。

2 サロンコンサルを新規事業として展開した上谷さんのケース

❖プロフィール

◆お名前……上谷 友里さん
◆年　齢……三四歳
◆性　別……女性
◆家族構成……小学四年の息子さん、小学二年の娘さん、ご主人
◆業　種……サロンコンサルタント
◆店　舗……なし（サロンは自宅サロン）
◆メニュー……単発セッション、継続コース（資格取得＋経営コンサル）
◆資　格……ＩＴＥＣ（エステの国際ライセンス）、健康管理士
◆略　歴……大手エステサロンから個人サロンまで四つのサロンに六年間勤務、自宅サロン開業六年

友里さんは、愛知県で、二〇一三年、温熱ドームとリンパマッサージのサロンを自宅で開業しました。しかし開業当初は他のサロンと差別化できず集客に苦戦したそうです。その後は数々の勉強を重ね、耳つぼダイエットの資格を取得し、さらに栄養学なども学びスキルアップに専念されました。

それから、自宅サロンをダイエット専門サロンとしてリニューアルオープンし、その後は予約の取れないほどの人気サロンに変身していったそうです。

友里さんは既に毎月一〇〇万円前後の売上を確保されていました。

今後はさらなるステップアップのために、ご自分と同じように安定した収入を確保できるサロンを増やしたいと、サロンコンサルとして活動していくために新規事業を立ち上げました。

❖コンサルタントへの依頼

友里さんは自宅サロンの売上は確保できていましたが、サロンコンサルは新規事業ということで、自分がその仕事を本当にやっていけるかどうか……という不安があったため、私のところに相談に来られました。

またWeb集客が苦手ということで、今後はコンサルタントとして全国にお客様を増やしたいと考えていたので、Ｗｅｂ集客の方法も学びたいということでした。

❖コンサルタントの所見

友里さんは、コンサルタントとしてのは、経験がありませんが、既にサロンでは技術も経営力もある立派なオーナーでしたので、その実績を全面に出せば、他のサロンコンサルタントと差別化できると考えました。

しかし、友里さんは情報系に必須のメルマガやＷｅｂによる集客などの経験がありません。そこで、これらの点に重点を置いて戦略を立てて、次の①〜⑦の手順で集客に取り組むことを提案しました。

①新規事業用にブログを開設（アメブロ）
②集客に最低必要な記事を四つほど用意しておく
③ステップメールを用意する
④まずブログ一〇記事程度を更新
⑤「読者登録」「いいね」「ペタ」機能でメルマガ読者獲得
⑥メルマガ内で信頼関係構築

⑦ お茶会や体験セッションなどのフロント商品とバックエンド商品を用意

① 新規事業用にブログを開設（アメブロ）

〈あえてアメブロにした理由〉

新規事業用のブログとして開設しました。アメブロを選んだのは、「いいね」「ペタ」「読者登録」の機能があるためです。

〈ブログ作成の注意点〉

◆ヘッダー

看板となる重要な箇所です。ターゲット・ターゲットのメリット・メソッド（手法）名やプログラム名……などを明記します。今回は店舗集客ではなく全国のお客様が対象ですので、地域名は記入しません。

写真は、コンサルタントとしての誠実さの伝わる顔写真を載せます。

友里さんの例

ターゲット↓初心者、既に開業しているサロン・治療院・整体のオーナー

メリット↓たった三ヶ月で誰でも簡単に月商七桁を達成する

メソッド↓魔法のサロンプログラム

◆タイトル

検索エンジンに影響する情報であるため、アクセスアップできるかどうか重要な箇所です。必須情報はヘッダーと同じですが、長すぎでも検索に弱くなると言われていますので、タイトルの文字数は三二文字前後に抑えました。

〈ブログ開設の苦労〉

Ｗｅｂ集客が苦手な友里さんでしたので、初めはどんな記事をブログに書けばいいのか？　それがわからず、

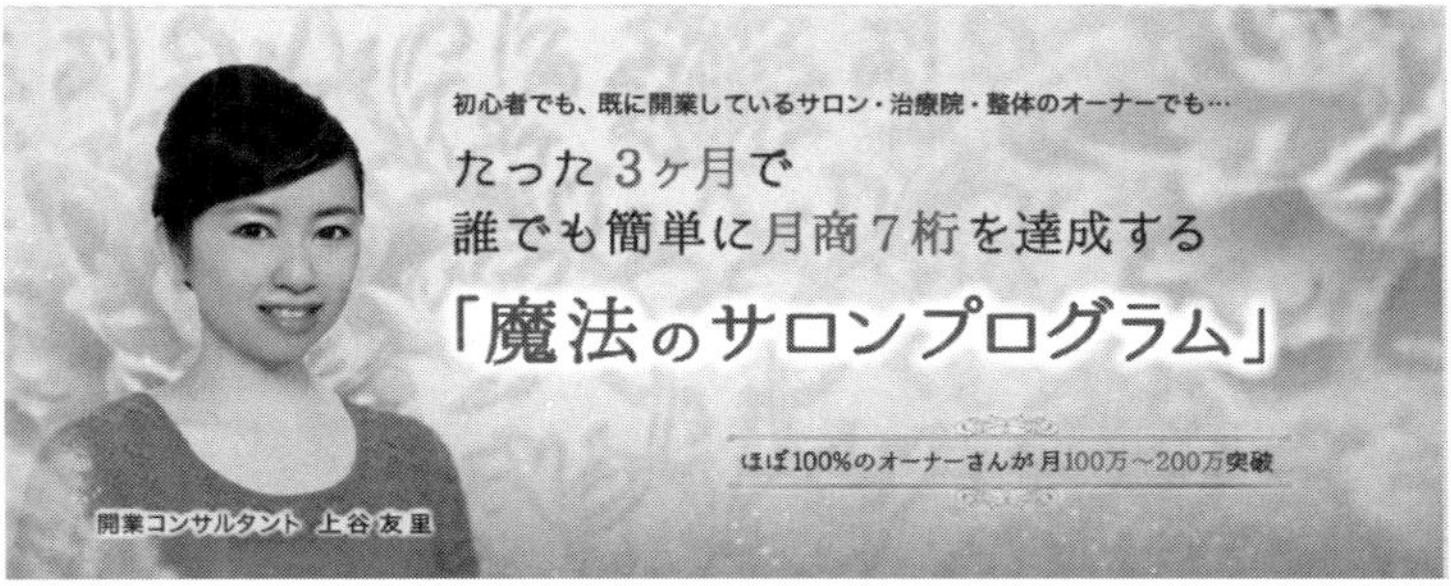

なかなか記事の更新が進みませんでした。

ビジネスブログとしてキャッシュポイントを意識したブログを書くためにはどのような点に注意しなければいけないのか？

友里さんは最終的にサロンコンサルタントの継続メニューを購入してもらいたいわけです。それが友里さんのビジネスの収入になります。

継続メニューというと最低でも三ヶ月、平均では六ヶ月ぐらいのコースが一般的で、その期間サポートするとなるとそれなりの高額メニューとなってしまいます。

そんな高額メニューをいきなりブログで提示しても買ってくれる人はもちろんいません。

なので、この本でもお伝えしてきた「メルマガ」を活用するわけです。

まず、「興味を引くブログ、面白いブログ、次も読みたくなるブログ」という視点から「メルマガ登録をしてもらうためだけにブログ記事を書く」という視点に変えないといけません。

この視点に変えるのが、友里さんはじめ、私のクライアントさんが一番苦労する点です。

② 集客に最低必要な記事を四つほど用意しておく

〈まずは記事　それから集客〉

ブログコンサルタントしてアピールするのに記事がない状態で宣伝しても無意味なため、④の「読者登録」機能を使った宣伝は、記事をブログに掲載してから行います。

1．プロフィール

お客様に伝えたい略歴のほか、サービス（商品）への想い、起業した理由、過去の失敗があれば、必ず書いてほしいです。

なぜなら、過去失敗した時もあるけれど、今は克服して成功している……そんなサクセスストーリーが読者の共感を得てファンになってくれるからです。

1984年2月15日生まれ
愛知県豊橋市在住

男の子と女の子のママで夫と4人暮らし

高校卒業後、
エステの専門学校へ入学

ヨーロッパの国家資格ITEC取得。

年間優秀生徒に選ばれる。

大手エステサロン、個人サロンなど4つのサロンで経験を積む中で、

痩せたいのに痩せられない、

多額のお金を費やしても結果の出ないお客様を

目の当たりにし疑問を持ち始める。

また、自分自身もエステティシャンでありながら

ダイエットとリバウンドに苦しみ、肌荒れにも悩む。

2013年、温熱ドームとリンパマッサージの自宅サロンをOpenさせる。

エステティックは対症療法であり、

全ての原因は食生活や生活習慣にあると気づき根本療法、予防医学に興味を持ち、

1から食事や体の仕組みについて学び直す。

現代栄養学だけでなく、酵素栄養学、中医薬膳も学ぶ。

文部科学省後援、健康管理士一般指導員、健康管理能力検定1級を取得。

自らも耳つぼダイエットで3ヶ月で8キロのダイエットに成功し、

耳つぼダイエットの結果の出るプログラムに感動し、

ダイエットに悩む方々の手助けをしたい！と思い、

不調や悩みを根本的に改善する、結果の出るダイエットプログラムを確立し、

ダイエット専門サロンスリムビューティーBeecome牧野店としてリニューアルOpen。

オープン当初から、話題を呼び、

3ヶ月後まで予約の埋まる大人気サロンに。

25年の歴史と実績のある耳つぼダイエットプログラムで

／
ダイエット成功率95%以上。
＼

Open半年でエステメニューの新規様は受け付けられないほどの人気サロンに。

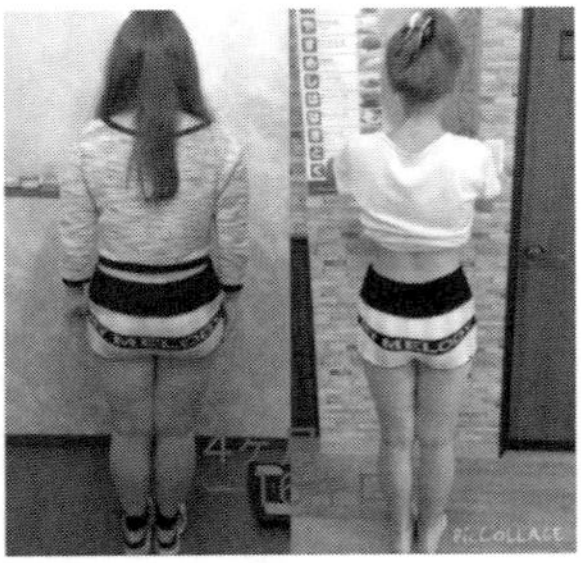

○3ヶ月で－10キロ達成者続出。

○何をしても痩せなかったのに、こんなに簡単に痩せられるなんて。

○－15キロで、洋服サイズが17号→11号に。

○－15キロ達成で、念願の水着が着れた！

○血液検査の結果が改善され、コレステロールの薬がやめられた。

○集中力が増して、仕事ミスが減った

○イライラしなくなり、ロキソニンが手放せなかった生理痛が改善した！

などなど、

ただ、痩せるだけではなく、

美しく、健康的に、細胞レベルで若返りながら、

心も身体も健康を手に入れて、

肥満だけでなく、

むくみや、生理痛、だるさ、肌荒れ、便秘などの不調もまるごと改善され、

夢を叶え、その後の人生を明るく思いっきり楽しでいただけるように

マンツーマンでサポートしております。

現在は、

この成功率９５％以上の魔法のダイエットプログラムと

開業後６ヶ月で予約の取れない人気店となった経営ノウハウのすべてをお伝えする

【開業サポートシステム】

も大人気となっています。

実は、

2013年のオープン当初は、

集客にかける資金もなく、予約がほとんど入らないため、

収入もなく、途方に暮れる日々。

なんとかお客様に来ていただきたい！と、

自分の技術が向上すれば、お客様に来ていただけるかも？と、

色んな資格をとるが、資格取得後のサポートがないため、それを全く活かせず、

ただの資格マニアに。

収入が上がらないため、

外へバイトへ行く日々。。

そんな中、セラピストでありながら、

経営者であるという事に気づき、

経営を一から学んだ事で、

毎月安定して集客ができるようになり、

売上も安定し、リピーター様も増え、

エステメニューの新規のお客様をお断りするまでの人気サロンにまでなる事ができました。

自宅サロンなど簡単に開業できますが、

継続して安定的な売上を確保するのがとても厳しい現状です。

また、技術者の方は技術の向上ばかりに目がいきがちで

片っ端から資格を取り、資格は増えるが、その後のサポートがないため、

それを仕事にはつなげられない。

技術力が上がれば売上も上がると思いがちですが、

経営もしっかり学ばないと、集客や安定的な売上は望めません。

売上0、顧客0の状態から、

6ヶ月で予約の取れない人気店になったノウハウを全てお伝えしています。

実際、私のサポートシステムを受講した生徒さんは

／
未経験者でも、ほぼ１００％の方が月収７桁を達成。
＼

時間とお金を手にいれ、家族との時間も大切にしながら

自分の仕事を楽しんでいる方ばかりです。

○収入も増えたが、時間にも余裕ができ、子供との時間が増えた

○金銭的にも精神的にも余裕ができた

○頑張った分だけ収入もある

○やり甲斐があり、充実している

○お客様の体調が良くなったり、悩みが無くなるのを近くで見れるのが幸せ

○お客様からの『ありがとう』が何より嬉しい

○自分自身常に健康に気をつけていられる

○県外へ勉強会に行くことで、素敵な仕事仲間に出会えた

○常に前向きな気持ちでいることができる

○今まで諦めていたことばかりだったが、夢ができた!!どんどん膨らむ♡

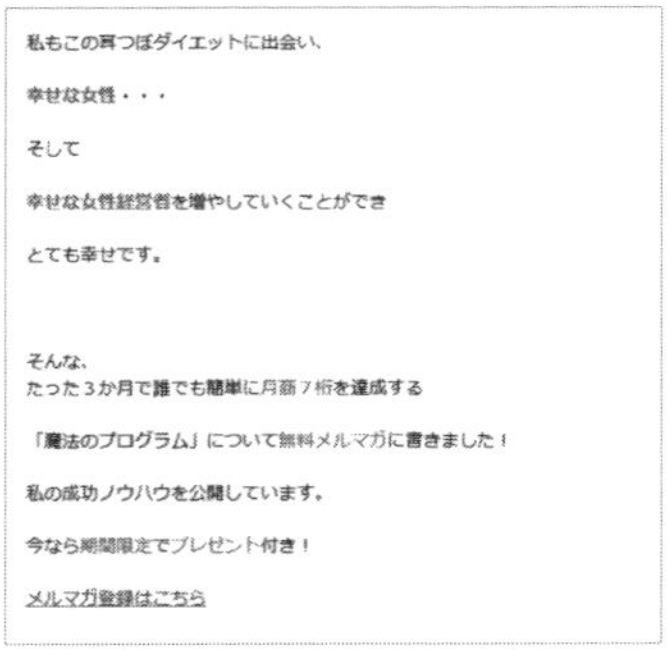
私もこの耳つぼダイエットに出会い、

幸せな女性・・・

そして

幸せな女性経営者を増やしていくことができ

とても幸せです。

そんな、
たった３か月で誰でも簡単に月商７桁を達成する

「魔法のプログラム」について無料メルマガに書きました！

私の成功ノウハウを公開しています。

今なら期間限定でプレゼント付き！

メルマガ登録はこちら

プロフィール記事は長くてもいいので、丁寧につくりあげていきます。

友里さんはすでにサロン経営に成功していましたので、「その成功ポイントを教えます」と書けば説得力の強い内容に仕上がります。

2. 耳つぼダイエットについての記事

友里さんの場合、サロンコンサルだけではなくて、お客様（エステや整体院のオーナー様）に耳つぼダイエットの資格を取得していただき、そのうえで、売上アップの方法をお伝えするというコンサル内容でしたので、まず、「耳つぼダイエット」とは

どんなものなのか？　その説明記事が必要でした。

エステや整体院のオーナーさん達は、効果が高く、お客様に喜ばれるメニューを取り入れたいはずです。なので、耳つぼダイエットがなぜそんなに効果的なのか？　を理論的に説明するページを用意しました。

3．無料メルマガへの登録ページ

情報系の職種であるコンサルタントにとって、メルマガ読者を増やすことは最重要ですので、友里さんの場合もメルマガ読者獲得が重要事項でした。

私の場合、メルマガ読者を増やす方法の一つとして、「ランディングページ」を作成することをお勧めしています。

ランディングページ（一般的にＬＰと略されることが多い）とは、一つの商品やサービスを売るためだけに使用するＷｅｂページの事です。

ホームページとは違い、目的は一つだけ。

友里さんの場合、その目的は、

「無料メルマガに登録してもらう事」

ですので、早速そのためのランディングページを作成しました。

このランディングページの出来具合によって、メルマガ登録率が変わることもありますので、しっかりとプロと一緒に作ることをおすすめします。

また、キレイに作ることで、より一層見やすく、イメージの良いページとなりますので、資金がある方はぜひプロのデザイナーに制作依頼してください。

友里さんの場合は、新規事業ということもあり、なるべくお金をかけない方法で作成しました。無料で作成できるランディングページとして有名な「ペライチ」というサイトに登録し、デザイナーには依頼せず、友里さん自身で制作してもらいました。

・ペライチ

https://peraichi.com/

【友里さんの実際のメルマガ登録ページ
（ランディングページ）】

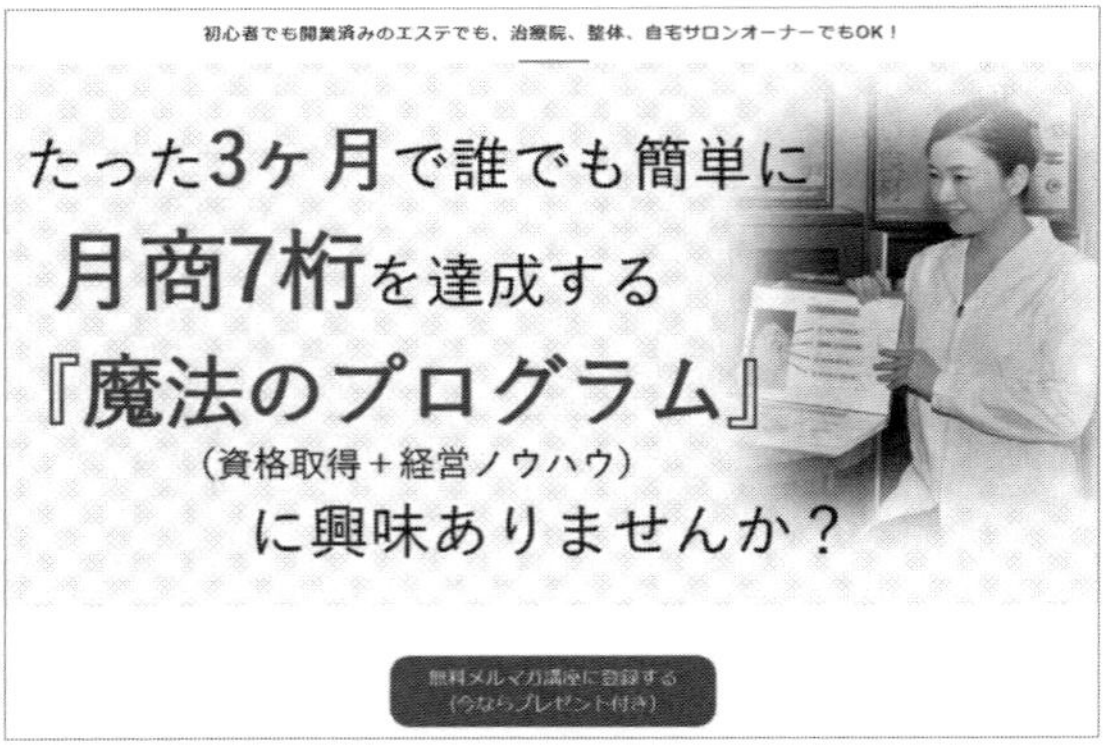

出所：https://peraichi.com/landing_pages/view/pk7fl

4. お客様の声

友里さんの場合、新規事業ということでしたが、幸い、友里さんの自宅サロンに通われているお客様でダイエットに成功した方から、サロンを開業したいという要望があり、既にその方達にコンサルを実施されていました。

その方達に、お客様の声をいただくことが可能だったので、早速お客様の声として「アンケート」をいただきブログに掲載しました。

③ ステップメールを用意する

〈目　的〉

形のないものは、言葉をつくしてメルマガで伝えるしかありません。記事をつくり込んでいく作業が大切です。そして、絶対必要なのがステップメールです。

何度もお伝えしていますが、情報系にとってメルマガは必須です。

高額な目に見えない形のない商品（サービス）を売るわけですから、何よりお客様との信頼関係が大事なのです。

友里さんもこの五日間のステップメールを準備しました。

〈文字数・配信期間〉

一日分は、Ａ４用紙に二枚分くらい。文字はぎゅうぎゅうに詰めないで、行間をゆったりさせた分量です。ステップメールは、ほぼ毎日、五日間届くように設定します。

【文例】

おはようございます。
ダイエットコーチの上谷です！

本日は、前回のメールでお伝えした
私を３か月で月商１００万円に到達させた
『３ヶ月で人生が劇的に変わる！売り上げUPの魔法のダイエットプログラム』
についてお話していこうと思います！

あなたは売上UPしたいと思って
毎日頑張っていると思うんです。

さて、何を頑張っていますか？
技術力UPですか？
それとも
知識やノウハウを増やしていますか？
それとも、
1日3回のブログ投稿？

これらの行動は、全て私がやってきたことなんです。
色んなところで、これをやるといいよ～！　って言われているので、
ついついやってしまいがちですよね？

④　まずブログ一〇記事程度を更新

〈目　的〉

アメブロを使用する場合に限って、情報系は、起業初期の段階ではSEO対策などはそれほど力を入れなくても大丈夫です。なぜなら、アメブロは、読者登録、いいね、ペタという機能を使ってこちらから積極的に他のブログにアプローチできるので、SEO対策をしていなくても十分な宣伝効果が期待できます。

そのため、記事数は店舗系のように一〇〇記事など用意する必要はなく、まず一〇記事程度から始めればOKです。

友里さんにも一〇記事は最低限用意してもらいました。

情報系の場合、問題解決のためのノウハウがお客様の関心事となります。しかし、こうした情報はブログでは発信しません。メルマガを使います。

ブログでは、優れたノウハウがあることを感じさせながら、それを知りたい方をメルマガに登録するように記事で誘導します。

情報系はメルマガ命です。

メルマガの登録者数が増えることで売上が増えると言っても過言ではありません。

メルマガ読者さんは大切な見込み客なので、いかにメルマガに登録してもらうかだけに集中してアメブロの記事を書くよう指導させていただきました。

⑤「読者登録」「いいね」「ペタ」機能でメルマガ読者獲得

〈目　的〉

ターゲットとなる方にブログ記事を読みにきてもらい、メルマガに登録してもらうために、こちらから、ターゲットにアプローチすることが必要です。

ターゲット以外の人に宣伝しても意味がないですよね。

ここで、アメブロを使う意味が出てきます。

アメブロは一日最大五〇件の読者登録、いいね三〇〇件、ペタ五〇〇件できるため一日八五〇件のブログにアプローチできるんですよね。

またやみくもにアプローチするのはなく、アメブロ内で条件を設定して検索すると自分のターゲットとする方のブログがたくさん出てきます。

【条件設定】

◆性　別……………女性

◆年　代……………二〇代から六〇代まで幅広く

◆キーワード………サロン　整体　マッサージ　エステなど

こういう条件で検索したブログにアプローチすれば、自然とメルマガ読者が増えるはずです。

ただし、これに関して、手作業で「読者登録」、「いいね」、「ペタ」などを毎日行うと、一日中作業が終わらないので、私や友里さんは上記の作業を自動でできるツール（有料ソフト）にて利用しています。

友里さんのターゲットはサロンや整体を経営しているオーナー（女性）で、サロン集客や売上に困っている方です。

なので、「サロン　集客」や「整体　集客」などというワードを入力し、アメブロ内で検索し、検索結果として出てきたブログにアプローチしていきました。

はじめは、なかなかメルマガ読者が増えずに苦戦しましたが、「どこが悪かったのか？」を一緒に分析し、常に改善していった結果、四ヶ月目には一日一～二人づつメルマガ読者が増えるようになってきました。

【アメブロ内でのブログ検索】

⑥　メルマガ内で信頼関係構築

〈メルマガの内容〉

メルマガの内容は、ご自身の経歴や実績などの自己紹介と問題解決のための具体的なノウハウです。自分がどういうノウハウを持っていて、お客様にどのような変化をもたらすのかを書いていきます。ターゲットを具体的にイメージして、その相手に呼びかけながら記事にしていきます。

ポイントとして、「無料でここまでノウハウを公開してくれるんだ」と、読者に感じてもらうことです。もちろん、情報を出し過ぎると、情報だけもらってどこかへ行ってしまう方もいます。

どこまで出すか、その辺りの判断は、ターゲットがしっかりと絞れていないとできません。逆に、具体的にターゲットが絞れていれば、何に悩んでいるか、何を知りたいか、どこまで知れば満足するかなど、推察することができます。

ギリギリまで情報を公開することによって、コアなファンをつくっていきます。さじ加減を調整しながら、自分の持っている技術・情報・サービスを惜しみなく提供していく。そうすると、すごい先生なんだ！　という風にお客様に認められるようになっていきます。

⑦ お茶会や体験セッションなどのフロント商品とバックエンド商品を用意

メルマガでファンを作り、信頼関係を築いたら、メルマガ読者は「あなたに会いたい」「もっと話を聞きたい」と思う人が出てきます。

なので、友里さんも一ヶ月に一回程度体験セッションを企画し、読者さんに向けて募集をしました。

私がいつも使用している「セッション募集の告知文テンプレート」を使っていただき、計画的にフロント商品を購入してくれるお客様を集めることができました。

フロント商品はお試し商品です。

あなたのサービスや商品をよく知ってもらうためのものなのでここで利益が出なくても大丈夫です。むしろ赤字覚悟でたくさんの人に商品やサービスを試してもらってください。

またそのフロント商品を購入していただいたお客様には、本命の商品（バックエンド商品）をご提案します。

お試しして気に入ったら購入してもらう—そんな仕組みを作っておく必要があります。

友里さんの場合は既にバックエンド商品がありました。

耳つぼダイエットの資格取得＋経営コンサルです。

ですが、この商品をそのままご提案するだけでは、契約は決まりません。ここにも工夫が必要です。

まず、商品やメニューをより理解していただくためのパンフレットを作成します。ただ言葉で説明するだけではなくて、視覚からもアプローチし、より魅力的な商品紹介（プレゼンテーション）ができるかで契約率も変わってきます。

実際、友里さんもこのパンフレットを作成して、たくさんの方に提案してもらいました。

⑧ 結果と考察

〈結　果〉

友里さんはコンサル開始当初、メルマガ読者が増えないと悩んでいたのですが、四ヶ月を過ぎた頃から徐々にメルマガ読者が増え、初めての体験募集をメルマガ内で行った結果、三名の方からお申込みが入りました！

ご契約が二名決まり、その後もお客様を順調に獲得し、半年間で新規事業の売上だけで総額一二〇万円を達成することができました。

〈考　察〉

友里さんは、小学生の子供さんが二人いて、サロン経営もされながら、今回新たな挑戦をされました。

時間がない中、いかに効率よく進めていくか……

それが大事になってきます。

私も会社経営をしながら、コンサル業を別で行っていますので、忙しい女性起業家のみなさまに、いかに時短で集客し収入を安定させるのか？……その仕組みについてお伝えしています。そして空いた時間をご家族や自分のプライベートな時間、お客様への時間に使ってほしいと考えています。

友里さんも私の考えに共感され、コンサルのお申込みをしてくださいました。

初めは、メルマガ読者がほとんど増えず、何度も、

「私にはやっぱり無理かも」

「自信がありません」

と訴え、諦めそうになっていました。

しかし、お子さんとできるだけ長く一緒の時間を過ごしながら、売上をアップしたい！　という思いが強かったので、挫けそうになりながらも、何度も立ち上がり、粘

り強く私の指導を素直に実践してくれました。

サロン経営をしながら、子育てや主婦業をこなしながらの新規事業ですので、時間がなく、初めてのことに不安と戸惑いがあったと思います。

ですが最後まで諦めず、実践し行動した結果、半年後には新規事業だけで一二〇万円の収入を得られたとき、友里さんと一緒に喜び、そして、そんな友里さんに同じ経営者として尊敬の念をいだきました。

今でもご連絡をいただきますが、その後も、毎月の売上がしっかりと安定し、ご家族で旅行など、仕事とプライベートを楽しみながら生活しているそうです。

友里さんのように家族との時間を大事にしながら、経済的にも精神的にも自立できる……そんな自由で幸せな女性起業家をもっともっと世の中に増やしたい!!

……それが私のミッションです！

3 恋愛カウンセラーとして売上アップを目指す櫻実《おうみ》さんの場合

❖プロフィール

◆お名前……櫻実（オウミ）さん
◆年　齢……三九歳
◆性　別……女性
◆家族構成……独身
◆業　種……四柱推命鑑定心理士、恋愛カウンセラー
◆店　舗……なし
◆メニュー……単発セッション、継続コース
◆資　格……四柱推命鑑定士
◆略　歴……三七歳のときカウンセラーの資格をとり、同年に四柱推命を学び、のべ五〇〇名以上、鑑定やセッションを行う

櫻実さんは過去の辛いご自分の恋愛経験や何をやってもうまく行かなかった人生に悩み、これまで色々な学びのために時間とお金を投資されてきたそうです。そして学んだ知識を自分なりにアレンジしながら、行動し続け、自分の心と向き合い続けた結果、現在では、人生が逆転し、恋愛も仕事も人間関係もすべてがうまくいき幸せな毎日を過ごされています。そのご自分の経験を生かすべく数年前に起業され、プロの占い師となり、カウンセラーとしても活躍されています。

❖コンサルタントへの依頼

櫻実さんはブログやフェイスブックで拝見する限りでは、お茶会なども定期的に開催し、とても華やかにお仕事をしているイメージがありましたが、実際の売上は目標額に達成していませんでした。

毎月、お茶会に見込み客を集客するために、ブログやフェイスブックで何度も告知し、宣伝し続ける事に疲れていた時に、私の「週一ライティング」というブログのタイトルに惹かれ体験コンサルにお申込みいただきました。

❖ コンサルタントの所見

櫻実さんは、自分のサービスに自信を持っていましたので、お茶会や体験セッションなどで実際、見込み客の方とお話しをすれば、八〇％以上の方が櫻実さんのサービスにお申込みされていました。なので、セールスなどのクロージングについては問題ありませんでした。

しかし、実際、その見込み客を集める導線が確保できていなかったため、ブログやフェイスブックで常に集客し続けなければいけない状態で、毎月の売上が不安定なため、精神的にも体力的にも疲弊した状態でした。

彼女はメルマガを導入していませんでしたが、ＬＩＮＥ＠は既に使っていたため、もう少し有効活用できること。

そして、今まで通り、フェイスブックとブログはそのまま使用し、ＬＩＮＥ＠のリスト集めに重点を置いて戦略を立てて、次の①〜⑤の手順で集客に取り組むことを提案しました。

【現在の櫻実さんのヘッダー】

① ブログタイトルの見直し
② LINE@登録特典プレゼントの作成
③ ブログの記事を見直す
④ フェイスブック投稿及び「読者登録」「いいね」「ペタ」機能でLINE@登録者獲得
⑤ LINE@登録者を体験セッションへ

① ブログタイトルの見直し

櫻実さんの場合、以前受講していた起業塾でしっかりとしたポジショニングを作成していたましたが、もう少しわかりやすく絞ったほうが具体的な記事を書けるのではないかと、彼女に提案しました。

彼女のブログはデザイナーにより既に綺麗にカスタマイズされていましたので、このまま変更せずに使用していただきました。

以前通っていた起業塾で別のコンサルタントにもポジショニングを作ってもらっていたので、それを元にヘッダーの文章も作成済でした。

ただ、もう少しターゲットにわかりやすいメッセージとして届けたかったため、ヘッダーは変えず、ブログのタイトルのみ変更するようアドバイスをしました。

ヘッダーを変えてしまうとまたお金がかかってしまうため、必要最小限のリスクで済むように提案しました。

◆タイトル
以前のブログタイトルは、現在のヘッダーの文字の通り「色気力で運もお金も男性も惹き寄せる」となっていました。

悪くはないですが、もっと具体的なターゲットへのメリットはないか？

櫻実さんに再度考えてもらった結果……

彼女自身が、現在、年下の彼がいて、しかも、その彼は誰もが憧れるような「ハイスペック男子」だということなので、それを全面にアピールするタイトルに変更してもらいました。

例）現在のブログタイトル←

「恋愛成就 三九歳が伝授！ハイスペック年下男子に愛される方法」

このタイトルに変更することによって、「恋愛に悩む女性」というターゲットに対して、より具体的なメリット「ハイスペック年下男子に愛される方法」を伝えている事をわかりやすく表記しました。

② ＬＩＮＥ＠登録特典プレゼントの作成

第２章４でお伝えしましたが、基本的に情報系のお仕事は形のないサービスを売ることになるので、まず見込み客と信頼関係を築いてから販売するのが基本だと考えています。なのでメルマガのステップメールで信頼関係を構築していただくのがベストなのですが、文章が苦手だったり、パソコンが苦手でどうしてもメルマガが使えない方には、まずＬＩＮＥ＠の導入をおススメしています。

ＬＩＮＥ＠にはステップメールの機能は標準装備されていませんが、「見込み客のリストを獲得する！」という点ではメルマガと同様に優れています。

櫻実さんの場合、どうしてもメルマガはハードルが高いということで、今まで通りＬＩＮＥ＠を使用していただくことになりました。

ただし、今までと同様の使い方では、登録者がなかなか増えません。

なので、ＬＩＮＥ＠に登録してもらうメリットとして無料プレゼントを用意してもらいました。

見込み客がほしい!!と思えるような魅力的なプレゼント……

しかし、費用がかかると赤字になりますから、無料で提供できる範囲で考える必要があります。

櫻実さんの場合、

【恋愛自己分析診断チェックシート】

「これならプレゼントできる」……ということで、ＬＩＮＥ＠に登録してくれた方にはこのチェクシートを無料でプレゼントしました。

チェックシートに答えた人はどこで恋愛につまずいているのか自己分析できるようになっています。

③　ブログの記事を見直す

〈目　的〉

ブログ記事はメルマガに登録するように誘導するとお伝えしてきましたが、ここではＬＩＮＥ＠に登録してもらうための記事をブログで作成していきます。

櫻実さんのブログも以前はここが出来ていませんでした。

ブログ記事がどんなに魅力的に書けてもＬＩＮＥ＠に登録するメリットを書かなければ、ＬＩＮＥ＠のリストは当然増えないのです。

【現在のブログ】

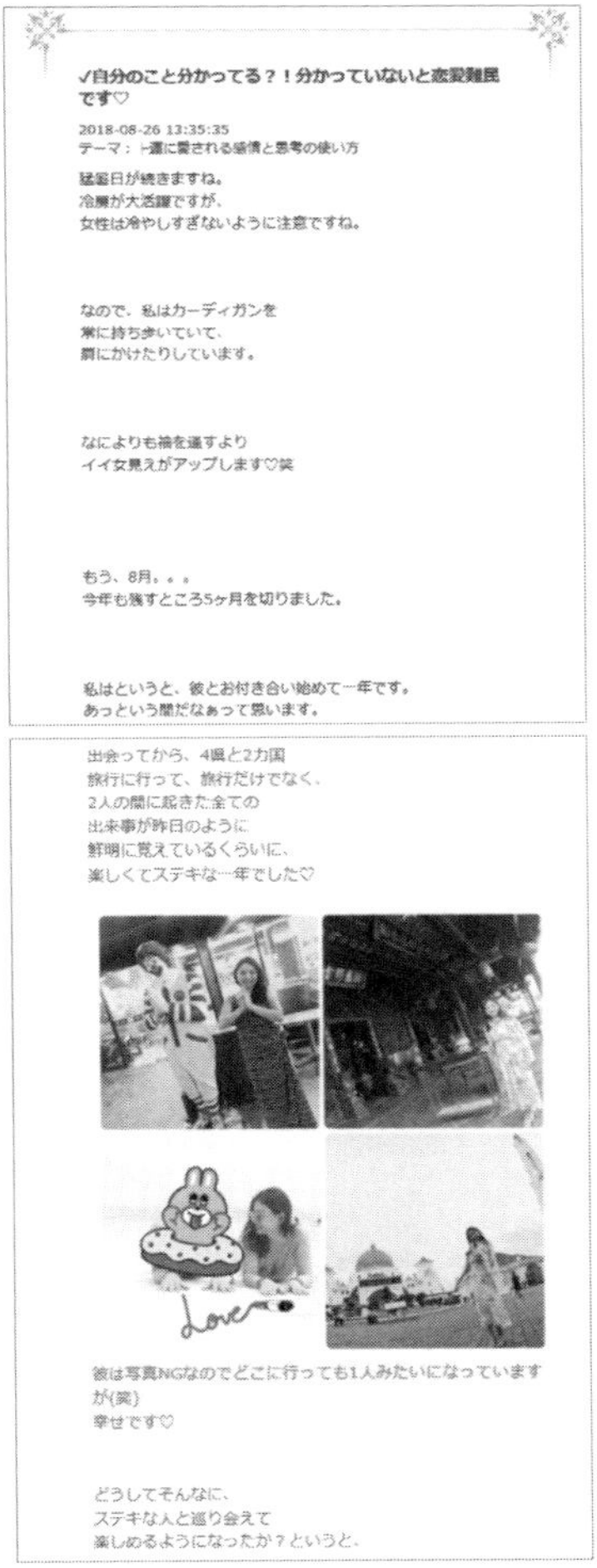

✓自分のこと分かってる？！分かっていないと恋愛難民です♡

2018-08-26 13:35:35
テーマ：[illegible]に愛される感情と思考の使い方

猛暑日が続きますね。
冷房が大活躍ですが、
女性は冷やしすぎないように注意ですね。

なので、私はカーディガンを
常に持ち歩いていて、
肩にかけたりしています。

なによりも袖を通すより
イイ女見えがアップします♡笑

もう、8月。。。
今年も残すところ5ヶ月を切りました。

私はというと、彼とお付き合い始めて一年です。
あっという間だなぁって想います。

出会ってから、4県と2カ国
旅行に行って、旅行だけでなく、
2人の間に起きた全ての
出来事が昨日のように
鮮明に覚えているくらいに、
楽しくてステキな一年でした♡

彼は写真NGなのでどこに行っても1人みたいになっていますが(笑)
幸せです♡

どうしてそんなに、
ステキな人と巡り会えて
楽しめるようになったか？というと、

私のマインドが変わったから。
これが1番大きいです。

今までは、彼や好きな人が出来ると
「どうして連絡くれないのかな？」
「どうして会ってくれないのかな？」
「いつも彼の都合のいい時にだけ…」

「どうして分かってくれないの？」
「好きだったら〇〇してくれるはず…」
「いつも私ばかり我慢して…」

そんな事ばかり考えていました。
でも、それは間違えていたことに
気が付きました。

彼は、エスパーでも神さまでもない、
私と同じただの人間。
マンガやドラマのような世間一般の
イメージの「彼氏とは〇〇なもの」

という思い込みで、彼を縛って
見ていただけでした。

彼だって私と同じ人間なら、
苦しくなりますよね。

それに気付いてから、
彼との関係は更に良くなり、
心地いい会うとラブラブなのに、
会っていないときは
不安のない関係になりました♡

読んでいるあなたが、
自分に置き換えたとき、
「じゃあ私はどこまで
恋愛マインドが出来ているのかな？」
って気になると思うので、

3分で分かる！！！
【"恋愛も人生も上手くいく幸せ女子♡"
自己分析診断チェックシート】
を用意しました！♡

【"恋愛自己分析診断チェックシート】プレゼント！♡櫻実
LINE @

３つの角度から、
30の簡単な質問に答えるだけ！！
この自己分析するだけで、
あなたがどこでつまづいているのか
分かり、私からプチアドバイスが届きます。

私は幸せな恋愛マインドなのかな～？
気になる方は試してみてくださいね♪

【"恋愛自己分析診断チェックシート】プレゼント！♡櫻実
LINE @

画像のブログの記事を読んでわかるように、ＬＩＮＥ＠の登録に誘導するように文章を書いているのがおわかりでしょうか？

④ フェイスブック投稿及び「読者登録」「いいね」「ペタ」機能でＬＩＮＥ＠登録者獲得

〈目　的〉

次に、アメブロの記事をＬＩＮＥ＠に誘導するように書いただけでは、まだ、それでもＬＩＮＥ＠登録者は増えません。

ＬＩＮＥ＠登録が増えるように変更した記事に、今度は、見込み客のアクセスを集める必要があります。

そう、この記事を読んでもらわないといけないわけです。

そのため、以下の二つのツールを使い、アクセスアップに取り組みます。

1．フェイスブック

櫻実さんはフェイスブックを元々しっかり活用されていましたので、フェイスブックからアメブロ記事に誘導できるよう投稿してもらいました。

【現在のフェイスブック】

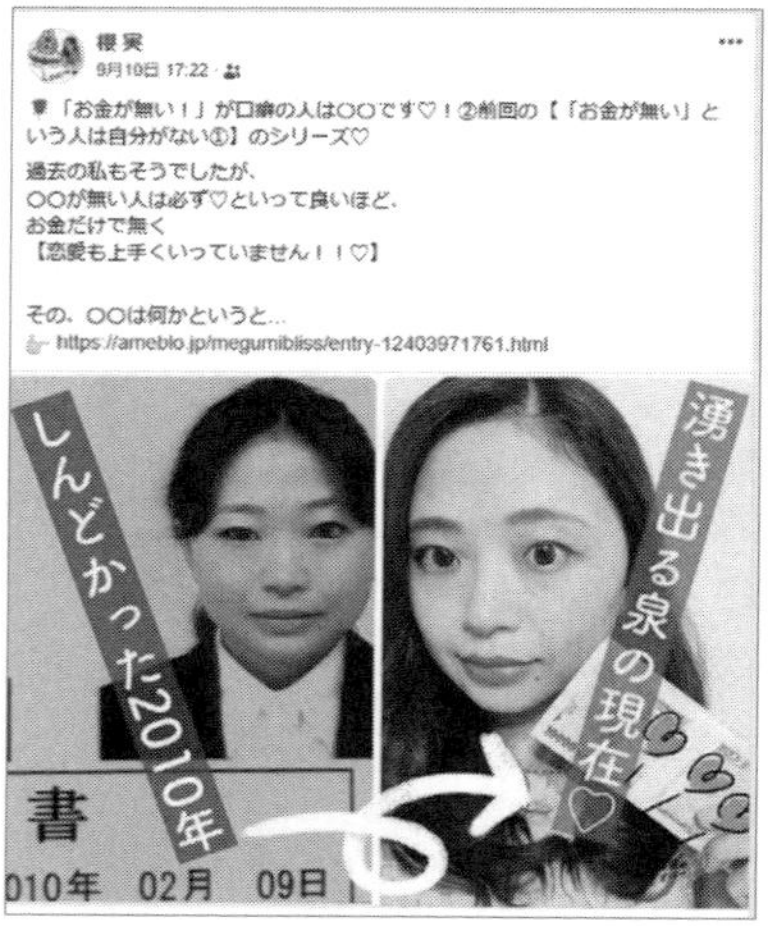

ポイントは目立つ顔写真です。

綺麗に撮ることも大事ですが、目立つように写真に文字を入れるなどの工夫もポイントの一つです。

最後に自分の読んでもらいたい記事「アメブロ」のリンクを掲載し、フェイスブックの記事を作成します。

このように、読者はまずフェイスブックの文章より写真が目に入ります。

フェイスブックはブログと違い、文字を大きくしたり、色を変えて目立たせたりできないため、どうしても長い文章は読みづらく、嫌煙されます。

特に活字離れしている若い世代や、女性は文章を読むのが苦手な傾向にあるのでフェイスブックは写真に注目させるよう気をつけてください。

注目を惹く写真は、本人の顔写真、動物、食べ物、子供などのジャンルです。


【フェイスブックの記事】

2.「読者登録」「いいね」「ペタ」機能でLINE@登録者獲得

前述の上谷さんの事例と同じように櫻実さんも「読者登録」「いいね」「ペタ」機能を使っていきます。

ターゲットとなる方にブログ記事を読みにきてもらい、ＬＩＮＥ@に登録してもらうためです。

アメブロは一日最大五〇件の読者登録、いいね三〇〇件、ペタ五〇〇件できるとお話ししましたが櫻実の場合も一日八五〇件のブログにアプローチしてもらいました。

ここで重要なのは、どのブログにアプローチするかです。

櫻実さんのターゲットとなる方のブログを検索していきます。

〈条件設定〉

◆性　別………女性
◆年　代………二〇代から四〇代まで
◆キーワード………恋愛、彼氏、占いなど

この検索の方法は、一番簡単な方法をお伝えしています。

実際の私のコンサルティングでは個別でもっと詳細な検索方法を使いますが、ここでは割愛させていただきます。

前述の上谷友里さんと同じように櫻実さんも自動ツール（有料ソフト）にてこの作業を行っていただきました。

⑤　ＬＩＮＥ＠登録者を体験セッションへ

〈ＬＩＮＥ＠の内容〉


ＬＩＮＥ＠はメルマガのようにステップメール機能が一般的には使えないので、信頼関係を構築するのは、難しいと考えられてきましたが、
最近はＬＩＮＥ＠も活用次第では、かなり売上を伸ばすこともできます。

メルマガはどちらかというとあなたのビジネス上の専門ポジションを確立するのに適したツールですが、ＬＩＮＥ＠は、コミュニケーションツールです。

いかに見込み客とお友達のように親しみやすい関係を築いていくのかがポイントになります。

櫻実さんも、無料でプレゼントした自己分析シートを元に、見込み客とたくさんコミュニケーションをとることができました。

ＬＩＮＥ＠で何度もやり取りをしていると、まるでお友達と相談しているかのような気持ちになり、どんどん心を開いてくれます。

そこで、体験セッションなどのご案内をして、個別でじっくりZOOMやスカイプなどを使ったり、対面などでご相談を受けることで、最終的にご自分の商品の提案をします。

⑥ 結果と考察

〈結　果〉

櫻実さんは、LINE@の登録者が一日平均一〜二名は増加しているようで、一ヶ月で約四〇〜五〇人が新規で登録してくれる状態となりました。

そのうち、本当に悩みを抱えている人達が、櫻実さんを頼ってご相談に来られました。そして、ご自分のサービスを提供することで、どんどん幸せな女性を増やされています。

その結果、コンサル開始約四ヶ月で売上総額約六〇万円を達成することができました。

〈考　察〉

櫻実さんは今まで数人のコンサルタントにお願いしたり、起業塾に通われていました。なので、基礎はしっかりできていましたが、どうしても売上に直結する方法を確立できていませんでした。

私がお伝えしたことを素直に確実に実行してくれたので、ＬＩＮＥ@登録者がどんどん増え、毎月の売上が安定したことで、精神的にとても楽になったそうです。

ビジネスをするうえで、一番重要なのは、売上を安定させることです。一時的に売上げを上げることは、結構簡単なのですが、これを継続させる仕組みを作るのがみなさん苦戦されています。

ここが確立できたとき、本当に意味での起業家として自信がつき、ますます女性としても輝き、結果的にお客様にも良い影響を与えていきます。

私のコンサルを受けて、ご感想をいただき、「どんな方におススメしたいですか？」とお伺いしたところ、

「私のように数字やパソコンに弱くて、良い商品を持っている！そんな人に伝えたいです。

いくら良いものを持っていても、人に伝えられなければ意味がないので、諦めたくない、自分のビジネスがしたい人にオススメしたいです！

分からないところを何度でも教えて下さるので心強かったです。ありがとうございました」

とお答えいただきました。

おわりに

本書を最後までお読みいただきまして誠にありがとうございます。

私は、会社経営、とくにコンサル事業を営んでいるので、人前でお話する機会をいただくことも多く、お客様やクライアントさんとコミュニケーションを取ることは何の抵抗もございません。ですが、元々は人と話すのが大の苦手でした。

子供時代、人見知りで、おとなしく目立たないタイプで、高校生になると顔中にニキビができて、内面だけではなく、外見にもコンプレックスを抱え、自分に全く自信がなかったのです。

ですが、商売で成功していた父はそんな私の事を大変心配し、

「世の中、お前みたいな性格は潰されてしまう」

「もっと強くなれ」

と厳しく育てられました。

そのため、私は、

「私ができることは何か？　どうやったら、社会に貢献できるのか？」

と、社会人になってからもずっと悩んでいました。

そして離婚後、シングルマザーになってからは、女性が一人で育児と仕事を両立する難しさに直面し、

「なんとか、女性が経済的にも精神的にも自立する方法はないか？」

と考えるようになりました。

実際にやってみて、途中失敗もありましたが、あきらめず模索し続けた結果、現在の私のノウハウが確立し、今ではたくさんの幸せな女性起業家の輩出に成功しています。

「女性が幸せに起業できる世の中にしたい!!」

それが私のミッションです。

過去の私のように自信がなくても、今は経済的に自立できなくても、きっとみなさんにも平等にチャンスがあるのです。

自分を信じて諦めずに頑張ってください。

本来でしたら直接お会いして売上アップのノウハウについて皆様のお役に立ちたいところですが、なかなか難しい状況です。

私のメルマガにご登録いただけましたら、個別相談やセミナー、グループワークなどのご案内等も不定期にさせていただいております。

もし、ご質問、ご意見等ございましたら、ぜひご活用くださいませ。

登録ページ⇩https://peraichi.com/landing_pages/view/4jik7

最後になりますが、今回、本書にご協力いただいた、クライアントさんに感謝いたします。

また、出版にあたり株式会社同友館の佐藤様をはじめ、たくさんの方の励まし、応援によって出版できましたことを深く感謝しております。

本書がきっかけとなり皆様の夢が一日でも早く叶いますことを願っております。

ありがとうございました。

坂口　太枝子

【著者紹介】

坂口《さかぐち》　太枝子《たえこ》

株式会社グッドライフ取締役。和歌山県出身。

関西外国語大学を卒業後、一般企業に入社するがすぐに寿退社し、１人目を出産。

２人目を妊娠中に父親の新規事業立ち上げを手伝い、人事、総務、経理すべてのマネージメントを行う。

離婚後、一から勉強のため上京し東京にて派遣社員から出発し、ITベンチャー企業の人事部長に昇進。帰郷後、父親の事業の関連の会社で役員に就任。

40人のスタッフの管理育成また、経理総務業務をこなしながらエステ事業を立ち上げ、オーナーエステティシャンとして活躍。

この時期、集客について必死に学んで身につけた集客術により、フェイスブックの投稿15日目で1000いいねを達成、３か月で友達40人から100倍の4000人達成、アメブロは３か月で読者1000人達成、エステサロンの売上もマーケティングを駆使してから半年で10倍に。物販は０円から２か月で売上60万円まで達成。

この成功体験のノウハウを伝えるかたちで、主に女性を対象とした起業支援コンサティングを行っており、「週１ブログライティングで満席を作り月50万～100万円以上の売上を安定させる」仕組みを提供し、多くの女性起業家を成功へと導いている。

2019年２月15日　第１刷発行

月30万円以上を楽しく稼げる♪
初心者女性起業家のための
「スキマ時間にサクッとできる集客術」

ⓒ 著　者　坂　口　太枝子
発行者　脇　坂　康　弘

発行所　株式会社 同友館

〒113-0033 東京都文京区本郷 3-38-1

TEL.03(3813)3966
FAX.03(3818)2774
URL　https://www.doyukan.co.jp/

落丁・乱丁本はお取り替えいたします。
三美印刷／松村製本所
ISBN 978-4-496-0597-9
Printed in Japan